東 北 大 学 大 学 入 試 研 究 シリーズ

コロナ禍に挑む大学入試（１）
緊急対応編

金子書房

「東北大学大学入試研究シリーズ」の刊行に当たって

　わが国において，大学入試というテーマは，誰しもが一家言を持って語ることができる身近な話題である反面，一部の例外を除き，研究者が専門的に研究すべきテーマとはみなされていませんでした。圧倒的多数の人にとって試験や入試は思い出したくない嫌な記憶でしょうから，必然的に大学入試は「好ましくないもの」という位置付けで語られ続けることになります。一方，時代によって機能の大きさや役割が変化するとはいえ，大学入試は多くの人の将来を定めるものであり，社会の未来を担う若者を育てる教育の一環として社会的に重要な位置を占める制度です。

　1999年（平成11年）4月，東北大学アドミッションセンターは国立大学で初めて AO 入試を実施する専門部署の一つとして発足しました。それは同時に，大学に設けられた初の大学入学者選抜（大学入試）研究の専門部署の誕生でした。東北大学アドミッションセンターの設立から20年が経過し，各大学に教員を配置して入試を専管する部署が普及してきました。個々の大学を見れば，その位置付けや期待されている機能は様々ですが，大学入試が単なる大学事務の一部ではなく，専門性を持った分野として捉えられつつあることは喜ばしい環境の変化と感じています。この度，令和元〜令和4年度（2019〜2022年度）日本学術振興会科学研究費補助金挑戦的研究（開拓）「『大学入試学』基盤形成への挑戦——真正な評価と実施可能性の両立に向けて——」（課題番号19H05491）の助成を受けたことをきっかけに，10年以上に渡って温めてきた学問としての「大学入試学（Admission Studies）」の創設に向けて，具体的な歩みを始める時が来たと感じました。その証として，これまで刊行された文献に書下ろしの論考を加え，「東北大学大学入試研究シリーズ」を創刊することとしました。大きく変動する社会の中で，実務の最前線で行うべきことは何かを識るとともに，「百年の大計」の下で教育における不易（変えるべきではないもの）と流行（変えるべきもの）を見据える一つの参照軸を創生することを目指します。

2020年1月　シリーズ監修　倉元直樹

序　章

記憶から教訓へ
——「非常時」の大学入試——

倉元　直樹

　マスメディアに新型コロナウイルス感染症（以下，COVID-19と表記する）に関する報道がぽつりぽつりと見られ始めた令和2年（2020年）1月前半，本書の2人の編者は，他の同行者と共に科学研究費研究の調査でたまたま中国にいた（倉元・尹，2021, p.84）。

　当時，未知の感染症が流行していると聞かされていた武漢からは遠く離れた北京や上海を訪問していたので，2人とも全く危機感はなく，そのニュースを完全に他人ごとと聞き流してつかの間の非日常を楽しんでいた。ところが，帰国して1か月も経たないうち，周囲から口々に「もう少し遅かったら大変だったね」と声をかけられるようになった。

　さらにそれから間もなく，そう心配してくださった方々も含め，我々も周りにいる人々も全員が例外なくこの感染症に端を発する様々な問題に巻き込まれ，悩まされ，日常生活のほぼ全てのことをCOVID-19との関係性の中で考えて生活せざるを得ない状況に突入していった。このあたりの事情は，濃淡の違いこそあれ，この時代を生きている地球上のほぼ全ての人の共通体験であろう。

　COVID-19の問題が発生する直前，日本の大学入試に関わる議論は，令和3年度（2021年度）入試から開始されることに決まっていた高大接続改革を中心に回っていた。

　「東北大学大学入試研究シリーズ（以下，『本シリーズ』と表記する）」全体の企画や，第1巻『「大学入試学」の誕生』，第2巻『大学入試センター試験から大学入学共通テストへ』，第3巻『変革期の大学入試』の構成や内容も多分にその問題を意識したものだった。第4巻『大学入試の公平性・公正性』以降は，徐々に従来から懸案となってきていた諸問題を取り上げる予定であり，正直，COVID-19の問題は全くの想定外，視野の外にあった。

とにもかくにも，大学入試は，COVID-19にどのように対応していけばよいのか，これは一過性の問題なのか，はたまた高大接続改革をしのぐような大嵐に見舞われながら急激に大きく組み替えられていくことになるのか……。先の見通しが全く見えないままに，次々と目の前に現れる「やるべきこと」をこなす毎日が始まった。

本書は，本シリーズ第6巻の位置づけで，3部構成となっている。『コロナ禍に挑む大学入試（1）　緊急対応編』という本書のタイトルに示す通り，大学入試に関わる者として突然のコロナ禍に直面してとりあえず何を考え，何を行ったのかを書き残すのが本書の役割である。

第1部「突然のコロナ禍，揺れる大学入試」には，当時の戸惑いをそのまま示した筆者の論考を3編採録した。第1章「緊急提言　今年の大学受験生を『ロスト・ジェネレーション』にするな！」は，令和2年（2020年）5月に執筆したものである。当時，COVID-19の第1波には，大学入試のみならず，我が国の学校教育の在り方が根底から覆されてしまうような脅威を感じさせられていた。本シリーズを企画してくださった金子書房編集部の井上誠氏が，筆者の不安をいち早く察知してくださり，ご厚意によって最も早く世に出るメディアということで，「『こころ』のための専門メディア note（ウェブコラム）」をご紹介くださった。とにかく，高大接続改革に翻弄され続けた令和3年度（2021年度）入試の受験生を守りたいという動機が先に立ち，タイトルからやたらに肩に力が入った印象となってしまった。今となっては気恥ずかしいが，当時の雰囲気を伝えるものとして，本書のオープニングに据えた。

第2章「『コロナ禍』の下での大学入試——高大接続改革の方向転換から見えてきた課題と展望——」は，第2波が収まりかけた令和2年（2020年）8月頃に執筆されたものである。主として高大接続改革をめぐる顛末を題材に，COVID-19の影響によって大学入試で評価すべき資質・能力が変容させられることを警戒した論考となっている。Go To トラベルキャンペーンの実施など，政策がコロナ禍で傷んだ経済の再興を図る方向に転換していた時期でもあり，COVID-19の影響をできるだけ小さく見積もりたいという偏りがあった。

第3章「コロナ禍に対峙する『大学入試学』」は書き下ろしだが，令和2

年（2020年）9月に実施された，第32回東北大学高等教育フォーラム「大学入試を設計する――『大学入試研究』の必要性とその役割――」の基調講演を題材としたものである。徐々にウィズコロナ初年度の入試が見えつつあった時期の対応を，できるだけ等身大でそのまま伝えようと試みたつもりである。

第2部「検証　コロナ禍の下での大学入試（令和3年度）」は，初めて全面的にCOVID-19の影響下で実施された令和3年度（2021年度）入試が完了した後，令和3年（2021年）5月17日に振り返りを試みて実施されたシンポジウム「第34回東北大学高等教育フォーラム　新時代の大学教育を考える[18]　検証　コロナ禍の下での大学入試」の講演録を基に書き下ろされた4つの章とパネルディスカッションの記録から成る。

国立大学と東京都立の高等学校というのは，大学入試の当事者の母集団全体から見てやや偏った狭い範囲からのサンプルかもしれないが，入試広報から入試の実施まで，暗中模索の中で具体的に何が行われていたのか，立場や意見が必ずしも一致しない当事者の視点から多角的にアプローチする内容となっている[1]。

第3部は，コロナ禍以前に自然災害に見舞われた大学入試にまつわる話題である。第9章は，平成22年度（2010年度）入試を襲った，当時の新型インフルエンザの流行に対する個別大学の対応を記録した「平成22年度入試における東北大学の新型インフルエンザ対策について」である。

第10章は，実質的には筆者の個人的体験を綴ったエッセイであるが，東日本大震災における東北大学の入試に関わる様子を記録した「大学入試の危機管理――東日本大震災の経験から――」である。

突然のコロナ禍により，マニュアルや教科書がない事態に直面した。その際に，少しでも手がかりになるような記録があれば，ということで，引っ張り出したのが第9章である。もちろん，状況の違いは大きく，当時の経験をそのままマニュアル化することはできない。しかし，何らかの参照すべき事

1　同シンポジウムは国立大学アドミッションセンター連絡会議と共催で実施されたものである。報告書は文献リストの通り（東北大学高度教養教育・学生支援機構・国立大学アドミッションセンター連絡会議，2021a）。なお，同日の模様はYouTubeによって動画配信されている（東北大学高度教養教育・学生支援機構・国立大学アドミッションセンター連絡会議，2021b）。QRコードは末尾に付記した通りである。

例が手元に存在することで，大学入試の準備に当たる現場は，いささかなりとも落ち着いたように感じる。

　さらに，東日本大震災が起こった平成23年（2011年）3月11日は，当時の一般入試後期日程個別試験の前日に当たっていた。多くの読者はご承知のことであろうが，国立大学の個別試験の日程は国立大学協会から通知される実施要領によって日付が固定されており，毎年，前期日程試験は2月25日から，後期日程試験は3月12日以降と定められている[2]。

　COVID-19は厄介ではあるが，入試実施の前日に起こった大災害と比較すると，実施までに数か月間考える余裕があるという意味では，まだしも対策の立てようがある状況であった。本当に「どうしようもない」事態の経験は，現状の厳しさを相対化する際の参照事例として，結果的に大きな財産となっている。具体的な対策を講ずるための参考となる度合いは低くとも，「大学入試の本質」とは何かを考える素材として利用するには格好の記録と考えた。なお，執筆当時は，書くという行為自体の自分自身に対する癒しの効果を期待していた。したがって，あまり多くの人の目にさらす意図はなかった。

　ところが，筆者の意識では，東日本大震災は東北大学の入試に大きな「後遺症」をもたらした。そう感じた時点から，この文章の癒しの相手が自分自身から大学入試という営み全体へと変化した。具体的には本シリーズ第1巻でも取り上げた入試ミスと関連する話になるのだが，その点についてはここではこれ以上触れない。別な機会が与えられれば，改めてそのことについても考察を深めてみたい。

付　記
　第34回東北大学高等教育フォーラムの動画のQRコードは，次の通りである。

2　多くの国立大学と同様に，東北大学では前期日程個別試験が2月25日，26日の2日間，後期日程個別試験は3月12日に実施されてきた。

文　献

倉元 直樹・尹 得霞（2021）．わが国の高大接続改革と中国，韓国，台湾の大学入試多様化政策──特に中国の入試改革との同型性，共時性を中心に──　大学入試研究ジャーナル，*31*，83-90.［宮本 友弘・久保 沙織（編）（2021）．大学入試を設計する　第10章に再録］

東北大学高度教養教育・学生支援機構・国立大学アドミッションセンター連絡会議（2021a）．IEHE TOHOKU Reports 85 第34回東北大学高等教育フォーラム　新時代の大学教育を考える［18］報告書　検証　コロナ禍の下での大学入試　東北大学高度教養教育・学生支援機構　Retrieved from http://www.ihe.tohoku.ac.jp/cahe/wpcontent/uploads/2022/01/076ddb4c54049e0b480985555 6 b89c24.pdf（2022年2月17日）

東北大学高度教養教育・学生支援機構・国立大学アドミッションセンター連絡会議（2021b）．検証　コロナ禍の下での大学入試　第34回東北大学高等教育フォーラム　新時代の大学教育を考える［18］動画．You Tube　Retrieved from https://youtu.be/XTUVfhCG_xY（2022年1月10日）

目　次

第1部

突然のコロナ禍，揺れる大学入試

緊急提言　今年の大学受験生を「ロスト・ジェネレーション」にするな！

倉元　直樹

　巷間，「大学の9月入学」の話題でかまびすしい[1]。賛成派，反対派，様々な意見が交錯した結果，現在では，現実的な課題が山積していて導入は難しいという結論になりそうだ。筆者自身は元来「9月入学絶対反対派」であったが，9月入学について本格的な検討が始まってからは，来年（2021年）からの全面移行の支持に回った。もっとも，長年議論されてきた9月入学制度の長短には関心がない。宗旨替えの理由はただ1つ，大学入試を控えた受験生をロスト・ジェネレーションにしないためである。9月入学問題が議論だけで終わるのならば，時間と労力の無駄だったし，最初から考えるべきではなかったと思う。

　今年度に入試を迎える来年度春に入学予定の大学受験生は，特別な世代である。何故かというと，自分には何の責任もないのに大人の事情で振り回されてきた年代だからである。特に今年の高校3年生は鳴り物入りで始まった高大接続改革の初年度の学年である。ところが，昨年末に突然の方針転換があり，改革の目玉であった2つの新制度が実施直前で頓挫した。英語民間試験は，まさに受験登録が始まろうとするその日に導入延期が決まった。大学入学共通テストへの記述式導入もそれから1か月半ほど後に撤回となった。

　この方針転換には，誰がどう見ても受験生には一分の責任もない。全ては実施する側の大人の事情によるものである。事前に公表された入試方法は，大学が受験生に向けた契約書である。それを勝手に破棄することは，本来，受験生に対する背信行為と見られても仕方がない。

　ちまたでは，萩生田文部科学大臣の失言が制度撤回の原因のように思われているようだが，問題の核心はそこにはない。実施不可能な制度の導入を計

1　本稿の初出は令和2年（2020年）6月5日付となっている。同年5月21日付で依頼を受け，5月下旬に執筆したものである。

画したこと自体が大問題なのである。この時期の方針転換は，確実に起こったはずの大混乱を未然に回避するにはギリギリのタイミングでの大英断だったと筆者は考える。

　ちなみに，筆者が勤務する東北大学を志願する受験生には，昨年末のアクシデントはほとんど影響しなかったはずである。改革理念に関する是非論は別にして，新制度は技術的に実行不可能と見切って，それに備えた制度設計をしていたからである。そこに至るまでには，様々な機会に懸念を伝えてきたが，聞き入れられなかった。最後の手段として，自らの大学を志望する受験生を守るための方法を皆で考え，確実に実施可能な範囲での制度設計を行った。東北大学の独自路線にはそのような背景がある。

　なぜ，大学入試は事前に公表された手続きで実施されるべきなのか。それは公平性の側面から考えることができる。高大接続改革に絡んで公平性の理念が問題になったが，毎年の入試実施の場面でも公平性の担保は切実な課題である（実際には「公平性」の概念には幅があり，同じように考えるのは難しいが，ここでは議論しない[2]）。

　例えば，ある受験生が遅刻したとする。その場合，受験を許されるかどうかの判断は，遅刻の原因が受験生本人の責任か否かという観点から下される。公共交通機関にアクシデントがあって遅れた場合は救済の対象になる。遅延証明書で証明もできる。一方，緊張で数日間眠れず当日の朝起きられなかった，自家用車で送ってもらう途中で渋滞に巻き込まれた，試験場を間違えてしまった，といったケースは，救済の対象にはならない。当該受験生を特別扱いにすることが他の受験生に不公平だからだ。

　事の大小にかかわらず，予定通りの試験実施ができない状態は修復不可能な公平性の破れをもたらす。体調管理や交通機関の選択，会場の下見は受験生の自己責任の範囲とみなされる。事前に公表し，了解されていた実施条件を変更する例外措置の発動は，「受験生の自己責任」を判断基準にすることで，辛うじて皆が納得できる範囲に収められるのである。

　「受験生の自己責任」という問題をもう少し掘り下げてみよう。少なくとも日本の大学入試では，受験生が入試に向かって努力をすることは大前提で

2　東北大学大学入試研究シリーズ第4巻『大学入試の公平性・公正性（西郡編，2021）』をご参照いただきたい。

ある。もちろん，大学進学率が50％を突破して，いわゆるユニバーサル段階に入った現在，かつてのイメージのような「受験地獄」は存在しない。すでに30年ほど前から教育社会学者の竹内洋氏が「柄相応主義」と命名した「頑張りすぎない進学行動」が定着しており，多くの受験生は人生の全てを注ぎ込むような切迫感をもった受験準備（「受験勉強」と言ってよいかもしれないが，実際には「勉強」に止まらない）はしていないのかもしれない。

　それでも受験生は志望する大学や学部を定め，公表された情報を手掛かりに受験準備を行う。逆に言えば，公表された選抜方法は努力目標と道程を示す，大学からのメッセージである。だからこそ，募集人員との関係で合格水準に到達できなかった場合，それは本人の自己責任の範囲であり，不合格という判定を下し得る。そうであるが故に彼らの努力を軽く見てはならないのである。

　私立大学では，10年以上前から募集人員に占める推薦入試や AO 入試の割合が 5 割を超えている。多くの大学では，学習成績以外の諸活動が大きなウエイトで選抜資料に含まれる。その結果，高校生の受験準備行動パターンは，所属する高校の学力水準によって大きな違いを見せるようになった。

　中堅クラスの進学校では，私大型の学校推薦型選抜・総合型選抜を目標に大学進学を考えている受験生が多い。その観点では，高校総体や総合文化祭が中止となったインパクトは大きい。彼らにとっては中止の決断によって，日々の努力を成果に変えて受験に結びつける機会が奪われたに等しいからだ。

　一方，一般選抜を目指す受験生は違った努力をしている。それは旧来からイメージされる受験勉強に近い。もしも，昨年末の高大接続改革の方針転換が遅れていたならば，新制度に合わせた準備を予定していた受験生は，その努力を実行に移していたはずである。少なくともそれが無駄にならなかったことだけでも不幸中の幸いなのである。

　入試を実施する大学側も彼らの努力に報いるべく周到な準備をしている。結果的に日本の大学入試は精緻な寄木細工のような構造になっている。

　例えば作題であるが，入試問題の作成プロセスにおいて「3 密」状態は回避できない。適切に学力の各要素を測る良質な問題をミスなく作るには，入試問題を複数の眼で磨き上げなければならない。同時に外部に内容を漏らしてはいけない。そういった二律背反の条件の下で作成される「作品」が入試

問題である。

　新型コロナウイルス感染症の蔓延によって他人との接触を極力回避すべき状況でも，機密保持の観点から，オンラインで入試問題に関する意見交換をすることはできない。極秘事項には該当しない準備でも，緊急事態宣言下の出勤制限によって相当の制約を受けたはずである。

　大学入試の成否は周到かつ綿密な事前準備にかかっていると言っても過言ではない。準備スケジュールは試験実施日から逆算して綿密に計算されている。したがって，新型コロナ感染症対策が入試の準備に及ぼした悪影響は甚大である。これからコロナ感染状況が改善したとしても，遅れを取り戻すことは容易ではない。実施日が動かなければ，結果的に例年は入念に行われているチェックプロセスを省略せざるを得ないだろう。来年度の入試に向けて心配の種は尽きない。

　新型コロナウイルス感染症が蔓延した状況で入試の場面で求められる注意事項は何か。例年よりも広い試験会場が必要であるとすれば，その確保と協力体制，運営資金をどうするか。感染状況が悪化して広域移動制限がかけられた場合でも，受験会場への移動は「要」であり「急」であると認めてもらうように，各方面に働きかけなければならない。それが不可能であれば，居住地近くで個別試験の受験を可能にする方策を考え出す必要がある。実施者に感染者が出た場合の対応はどうすべきか……。今年の特殊状況に鑑みて検討すべき課題は山積している。

　実施の困難を理由に個別試験や共通試験を抜きにして合否判定が行われるとしたら，今年の受験生はどうなるだろうか。繰り返しになるが，この状況に関して，彼らには一切，自己責任となるようなミスはない。それだけに，今度こそ，大学側が約束を守らなければならない。筆者が9月入学案に傾いたのは，ひとえに5か月ほどの猶予が生まれるからである。その時間を実施準備の遅れの回復と不確定な条件の検討，調整に使いたかったのである。

　今年の受験生は大人の都合に翻弄された世代である。特に浪人生には制度の変更で見通しが利かなくなることも承知の上で志望を貫こうと覚悟した，高い志の持ち主が多いはずである。安易に共通テストや個別試験を中止するなどして，彼らの努力をないがしろにすれば，この世代は金輪際，社会もそれを構成している大人も信用できなくなるのではないだろうか。これでは将

来に渡って社会を支える大きな柱を失うことになる。もちろん，実施時期も大切な約束事の1つだが，選抜方法をご破算にして彼らが積み上げてきた努力を無駄にするよりは，時期を変更する方がずっとましだろう。9月入学への移行は，長い間，将来世代に大きな影響が及ぶ。それでも，他に方法がないのであれば全世代を挙げて彼らの努力に報いるべきである。今年の受験生を，社会を支える仲間として迎えるのだ。もう「失われた世代」を作ってはならない。

　そのような中，中止された全国大会に代わって部活動関連の地方大会を開催する動きが出てきたことには希望を感じる。その意義は課外活動の集大成に止まらない。全受験生の受験機会の確保に向けた高校関係者の努力と受け止めたい。

　現行制度の維持で動き出した今，その枠で出来ることを模索する必要がある。焦点のぼけた9月入学論議は関係者を疲弊させ，大学入試の準備をさらに遅らせてしまった。厳しい状況であるが，受験生との約束を果たすべく最大限の努力を積み重ねることが，責任ある大人としての務めではないだろうか。

文　献

倉元 直樹（監修）西郡 大（編）（2021）．大学入試の公平性・公正性　金子書房

第2章

「コロナ禍」の下での大学入試
——高大接続改革の方針転換から見えてきた課題と展望——

倉元　直樹

第1節　日本におけるCOVID-19のインパクト

　新型コロナウイルス感染症（以下，COVID-19と表記する）の猛威が世の中を席巻している。災害や災厄，戦争などが社会に与える影響の大きさを何で測るべきかと考えたとき，不謹慎かもしれないがそれが原因で命を落とした人の数が1つの指標になる。

　日本において，第2次世界大戦で犠牲になった戦没者の数は約310万名に達すると言われている。比較的最近であれば，9年前の東日本大震災が死者・行方不明者合せて約1万8千名である。それに対して，COVID-19で亡くなられた方は令和2年（2020年）8月末現在で1,200名あまりという規模感[1]なのだが，「ウィズコロナ」，「アフターコロナ」といった時代を画することを意識したことばが人口に膾炙する。COVID-19に対して，我々一般市民の中に時代の転換点になるほどの大災害であるという認識が浸透しつつあるように見える。

　それには大きく分けて3つくらいの要因が考えられるのではないだろうか。1つ目は目に見えないもの，実体が五感で明確に捉えられない存在への恐怖心である。いついかなる場所で感染するか分からない。自らはそれと気づかないうちに災厄に巻き込まれてしまう。自分を取り巻く環境をそう認知してしまうと，意識がその一点に集中し，神経がとことんすり減ってしまうのも理解できる。

1　執筆時は，日本国内のCOVID-19流行における，いわゆる第2波の時期に当たる。令和3年（2021年）12月下旬の時点では，日本国内の死者数は1万8千名を超えた。世界全体では540万名を超えており，この時点での筆者の見通しは楽観的過ぎたと言ってよいであろう（編者注）。

2つ目は被害の空間的な広がりである。戦争には戦闘地域，地震や大雨などの自然災害には被災地という境界を持ったエリアが存在する。すなわち，規模や程度の違いこそあれ被害の発生は局地的であり，意識の上では無関係の場所へ逃れられる可能性も残る。一方，COVID-19には，程度の差こそあれ世界中のあらゆる場所が巻き込まれた。逃れようにも逃れるべき安全地帯がないのだ。

　3つ目は日常生活の細部にわたる行動変容への要求である。これまで何気なく行ってきた行為がCOVID-19蔓延下では禁忌に触れることになってしまうので，日常の中の1つひとつの動作に神経を使わなければならない。さらに，自分が感染することは，否応なく他人を害しかねない感染力を保持してしまうことを意味する。COVID-19がもたらす2次的な災害として人と人との社会的関係に障害を引き起こし，倫理的な問題に発展してしまう可能性をはらんでいるのは，被害と加害の二重性を同時に併せ持つことによる。

　COVID-19に特有のこのような特徴が，現代日本社会を無意識に取り巻くエートスに強力に作用していく可能性がある。どうも，そういう視点から物事を捉えなければならなくなっているように感じられてしまう。COVID-19が作り出した強力な磁場の中で，大学入試の課題と展望について論じることが本稿に課せられたミッションである。位相の異なる論点が重畳的に入り組んだ難しい課題だが，議論の糸口を見つけて解きほぐしていくことを試みる。

◆◇◆
第2節　大学入試は「妥協の芸術」

　いきなりコロナ禍と大学入試を結び付けて論じるのは難しい。考慮すべき条件が曖昧模糊としていて，頼りになるエビデンスが見つからないからだ。したがって，その前に問題の切り取り方，考え方のトレーニングをしておきたい。俎上に上がるのは，やはり，直近に起こった高大接続改革の方針転換になるだろう。この問題について検討を加えることから，コロナ禍の下での大学入試を考えるための視座を得たい。

　大学入試の場面は，常に相矛盾する様々な「スジ（＝理念，条件）」のぶつかり合い，絡み合いである。それらをよくよく見た上で，どう解きほぐし

て現実的な着地点を見つけられるかが大学入試制度設計の中心課題となる。筆者は大学入試に関わる議論の持つそのような特性を捉え「大学入試は妥協の芸術」と表現したことがある（倉元，2014）。現実問題として，1つの理念だけの貫徹を志向すると，結果的に他の理念や条件を無視し，ないがしろにする結果に陥る。それでは現実に機能する手続きとしての大学入試は成立しない。相矛盾して絡み合ういくつもの「スジ論」を上手に解きほぐし，それなりに受容できる範囲で妥協点を見つけなければならない。唯一の正解や最適解は存在しないが，妥協の仕方には「うまい」，「へた」がある。今次の高大接続改革は当初から1つのスジに固執して他を顧みることがなかった。「妥協の芸術」からは程遠い。

◆◇◆
第3節　高大接続改革の登場と方向転換

　高大接続改革政策は第2次安倍内閣とともに登場した。当事者である大学側にも高校側にも，現状に対する大きな不満や改革を志向する決定的な機運は存在しなかったので，当事者と無関係に完全にトップダウンで始まったものだと言える。

　土井（2020）によれば，改革の方向性を決定づけた中央教育審議会高大接続特別部会では，各大学による個別学力検査の廃止を含むラディカルな議論が展開された。いわゆる高大接続答申（中央教育審議会，2014）がまとめられた時点では，様々な具体的な改革のアイデアが総花的にちりばめられていた。その後，議論の場は答申の内容を具体化するための専門家会議である高大接続システム改革会議に移されたが，一向に制度が明らかにならないままに平成28年（2016年）3月31日付で最終報告が出されている。改革の中身が具体性を持って示されたのは，平成29年（2017年）になってからである。

　最終的に文部科学省が公表した実施方針によって大学入試センターに代わるテストの名称が「大学入学共通テスト」と決まり，改革の3本柱が示された（文部科学省高等教育局，2017）。すなわち，英語の4技能評価への転換に関わる英語民間試験の活用，共通テストへの記述式問題の導入，さらには個別試験における主体性評価の導入である。

ところが，英語民間試験は令和元年（2019年）11月1日に延期が発表された。受験者の登録手続きが始まったまさにその日であった。12月17日には大学入学共通テストへの記述式問題導入が見直しとなり，翌年の令和2年（2020年）の8月7日には，主体性評価に絡む一般社団法人「教育情報管理機構」の運営許可が取り消された。高大接続改革には抜本的な見直しが迫られている。

　大学入試における相矛盾する複数の理念という視点から高大接続改革の方向転換を眺めることを考えたとき，分かりやすいのは，「大学入試の三原則[1]」のバランスに関わる議論だろう。高大接続答申における大学入試改革の理念を一言で表すと「高校教育の現状を糺すために大学入試を変えなければならない」というロジックに尽きる。

　すなわち，3つの原則のうち「下級学校への悪影響の排除」の原則から出発し，それをさらに積極的に拡張して「下級学校へ良い影響を与える」ことを目的とした政策に邁進したのである。

　その結果「適切な能力の判定」と「公平性の確保」という残る2つの原則を極めて粗雑に扱う結果となった。少々乱暴に丸めて言えば，英語民間試験が延期となったのは，「公平性の確保」の侵犯に対する受験者側からの抗議に耐えられなくなったためであり，大学入学共通テストへの記述式問題導入と主体性評価の方法が見直されたのは，方法論的に「適切な能力の判定」に応えられないと判断されたからだと総括することもできる。

◆◇◆

第4節　大学入試の二重性──当事者性と国民的関心事──

　確かに大学入試のあり方は高校教育に影響している。「下級学校への悪影響の排除」という，四六答申以来の大学入試政策の原則を等閑視することはできない。ただし，その大学入試の高校教育への作用機序は，当事者性というフィルターを通さなければ正しく理解できない。

　倉元（2006）は全国の高等学校2,023校を対象に，筆者の勤務校である東北大学の入試の影響力に関わる質問紙調査を行った（回収率66.7％）。「東北大学の入試のあり方は，貴校の教育にとってどの程度の影響があるとお考え

表2-1．東北大学の入試が高校教育に与える影響

	全くない	あまりない	どちらとも言えない	ある程度ある	かなりある
単純集計	17.6%	42.6%	24.2%	11.7%	3.9%
志願者重み集計	4.7%	19.1%	17.8%	21.2%	37.1%
合格者重み集計	5.1%	18.4%	16.3%	23.3%	36.9%

（倉元，2006　p.7　表1より作成）

でしょうか」という質問に対し，単純集計では「かなり影響がある」，「ある程度影響がある」と回答した高校は合わせて全体の約15.6％にすぎなかった。旧帝大の１つであり，受験界では国立難関大学の１つに位置づけられる東北大学の入試であろうと日本全体から見れば大したものではない。受験生にとってみれば，はなから受験する気がない大学の入試がどうであれ無関係なことだし，彼らが所属する高校の教育にも何ら影響は及ばないのだ。

　ところが，志願者数や合格者数による重みをつけて集計した場合，それぞれ約58.3％，60.2％と，全く異なる様相を見せる結果となった（表2-1参照）。実際に当該の大学への進学を視野に入れた受験生を数多く抱える高校にとっては，その大学の入試のあり方は，高校における教育のあり方を左右する大問題である。基本的に，「大学入試がどうあるべきか」という問題は，第一義的には当事者間の問題に尽きる。

　大学入試が高校教育に影響を及ぼすメカニズムは一様ではない。全国に存在する782大学[2]が，それぞれの抱える受験層を通じて重畳的に高校教育に影響を及ぼしている。現在，大学入試は多様化している。結果として，局所局所において，どの大学のどのような入試のあり方がどの高校の教育にどのような影響を及ぼしているのか，何が決定的な核心的要因となっているのかは，誰にもきちんと説明できないほど複雑だ。まして，現状は１つの政策的手段でまとめて全体の問題解決が可能なほど単純な状況とは思えない。

　令和元年（2019年）の夏頃，高大接続改革の動向が判然としなかった時期，この改革が突き進んで行った末に起こる大混乱を懸念していた。そして，なるべく傷口を小さく抑えたままでこの難局を乗り切れるか否かは，今も大学入試が国民的関心事であるかどうかにかかっていると考えていた。どれほど

粘り強く危機を訴えても，日本社会の中で経済的な分断が進み，もはや大学進学が最初から手の届かない絵空事となってしまった層が相当の割合に達している。そうだとすれば，大学入試などは一部の恵まれた階層の問題であって，日本社会全体から見たら取るに足らない問題だと切り捨てられるかもしれない。

　筑波大学の大谷奨氏が朝日新聞のインタビュー記事の中で，共通1次導入の際には国会などで広く議論されたことに触れ，大学入学共通テストの在り方も国民的な議論が必要だと言及した（大谷，2019）のは，まさに，そういった危機感の表れだったのではないかと推測している。結果はご存知の通りである。まさしく国民的大議論が巻き起こり，それが高大接続改革の方針転換につながった。大学入試は高度に当事者性をはらんだ問題であると同時に，今でも国民的関心事である，という二重性を持っている。

◆◇◆
第5節　記述式問題の共通テストへの導入は なぜうまくいかなかったのか

　インパクトの大きさという意味では，漸減傾向と言えども，いまだに50万人を超える受験者を抱える大学入試センター試験をターゲットに影響力を行使しようとした点は間違ってはない。しかし，改革の前提となる問題状況の把握と因果関係の捉え方には決定的な問題点があった。ここでは，記述式問題の共通テストへの導入を例にとって考えてみる。

　平成28年（2016年）に文部科学省が出した進捗状況には，記述式導入の意義として以下の3点が示されていた（文部科学省，2016）。1点目は，記述式問題は「文章による表現」を評価できるという至極当然のもの。3点目は，共通テストに記述式問題を導入することで高校・大学間の相互理解を深め，個別大学の問題作成や採点の負担を軽減できるという，かなり疑問を差しはさむ余地があるものだった。

　問題は2点目にある。「国立大学の二次試験においても，国語，小論文，総合問題のいずれも課さない募集人員は，全体の約6割にのぼる」ということが指摘され，別紙2として以下の表が示されていた（表2−2）。各大学の

表2−2. 国立大学の二次試験における国語，小論文，総合問題に関する募集人員の概算（文部科学省，2016 別紙2より作成）

	募集人員	国語			小論文		総合問題		国語，小論文，総合問題のいずれも課さない
		必須	選択	課さない	課す	課さない	課す	課さない	
前期	64,787	15,803	4,757	44,227	3,949	60,838	1,149	63,638	39,470
		24.4%	7.3%	68.3%	6.1%	93.9%	1.8%	98.2%	60.9%
後期	15,549	50	258	15,241	4,203	11,346	1,041	14,508	10,017
		0.3%	1.7%	98.0%	27.0%	73.0%	6.7%	93.3%	64.4%
全体	80,336	15,853	5,015	59,468	8,152	72,184	2,190	78,146	49,487
		19.7%	6.2%	74.0%	10.1%	89.9%	2.7%	97.3%	**61.6%**

入学者選抜要項に記載された募集人員と出題科目を調べたものだったが，これは二重に問題をはらむ資料であった。

　資料自体に目立った誤りはないと思われる。どこが問題かと言えば，記述式問題が出題される教科・科目を「国語，小論文，総合問題」と同一視したことである。

　たまたま，筆者らはこの資料が公表された時期に国立大学の入試問題約24,000問の設問を小問単位で悉皆調査し，出題形式を分類して国立大学の個別学力検査における記述式問題の実態を研究していた。その結果，一部の例外を除くほとんどの教科・科目で約8割の小問が記述式として出題されていた（宮本・倉元，2017）。表2−2と同じように募集人員を基に集計した場合，記述式問題を課されない募集人員比率は約8.9%にすぎない[3]。国立大学は相対的に理系の募集人員が多いので，個別試験で国語が課されない学部などが多いのは当然である。さらに，ほとんどの国立大学では，記述式で問題が出題されていることから，個別学力検査の受験対策は記述式問題の解法の練習となる。高校の受験指導の現場を少しでも知っている人にとっては，これが常識であろう。

　もう1つの問題は，記述式問題を「国語・小論文・総合問題」の3教科だけに代表させようとしたことが政策と根本的に矛盾することだ。周知のように，共通テストへの記述式の導入は「国語」と「数学Ⅰ」に関わる分野で導入が進められていた。一方，表2−2には「数学」は記述式問題が出題される教科・科目に含まれていない。実際には，国立大学では数学はたった1問

の例外を除いて全て記述式で出題されていたのだが。

　高大接続改革において，数学の記述式問題がどのように構想されていたかをたどっていくと，さらに興味深い事実が見えてくる。最初に「イメージ例」として数学の記述式問題の例が示されたのは，平成27年（2015年）12月22日の第9回の高大接続システム改革会議の資料であった（高大接続システム改革会議，2015）。そこに示された設問は「スーパームーン」を題材として，そこからストーリー性を持って日常生活に展開していく小問3問の構成で，いずれの小問も本格的な記述による解答が求められる設問であった。

　さらに，約1年半後の平成29年（2017年）5月16日に大学入試センターから公表された「『大学入学共通テスト（仮称）』記述式問題のモデル問題例」もマーク式と記述式を混在させた形式であったが，かなりの量を書かせる本格的な記述式問題であることに変わりはなかった（大学入試センター，2017a）。

　ところが，同じ年の11月に行われた「大学入学共通テストの導入に向けた試行調査（プレテスト）（大学入試センター，2017b）」では出題傾向が一変する。記述式の問題が3問出題されたが，記述すべき内容は少なく抑えられていた。この傾向は翌年行われた「試行調査」にも引き継がれた。共通テストで評価される能力，資質が根本的に変化したと考えざるを得ないほどの大きな変更である。

　内容面から従来のセンター試験や個別学力検査とこれらの問題を比較すると「イメージ例」，「モデル問題例」は，見かけはともかく，個別学力検査の問題に近い。その類の問題は個別学力検査で出題すればよいし，試行調査のような問題を共通テストで課すのであれば，記述式とする必要はない，といった批判が出てくるのも無理はない。

　共通テストへ記述式問題を導入する構想は，採点の実行可能性を技術的にクリアできなかったことから頓挫した。大学入試の問題は高校教育を基礎に置くため，専門性が高い。個別学力検査の作題，採点は，大学教員の中からその分野に専門的識見を持った者が携わる。しかも，長い時間をかけて様々な角度から検討を重ねて作題し，また，採点を行っている。

　共通テストのマークシート方式には常に批判が付きまとうが，教科・科目の豊かな内容を，受験生のレベルに合わせて学力を識別できる問題に落とし

込んでいくためのノウハウと，そこに注がれる労力は並大抵のものではない。たとえ，現実的な実施条件を重んじて当初の理念からかけ離れた出題内容に甘んじたとしても，アルバイトを雇って短期間に50万人分にも上る答案を正確に採点することを前提にするような制度設計は，元々不可能だった。高大接続改革の構想は学力検査に必要とされる専門性の条件を甘く見ていたと言わざるを得ない。大学入試は誰もが関心を持って議論に加わることができる国民的関心事でありながら，有効な手立てを打つには，ある程度の経験と高度な専門性が要求される技術的領域でもある。

　一般論として高校教育に与える影響という観点からは，確かに記述式問題を出題し，高校生の表現力を鍛えることが望ましい。ただ，それを必要としていたのは，本当に国立大学の一般入試（当時）を目指す受験生であったのか。むしろ，長年の大学入試多様化政策の下，記述式問題を上手に回避しつつ大学に入学できる太い別ルートが出来上がっていることを問題視すべきだったのかもしれない。これも作題や採点とは別種の高校生の学びの実情に関する専門性を持って判断しなければ，的確に捉えることができない問題である。

◆◇◆

第6節　高大接続改革の方針転換から学ぶ　「コロナ禍」の下での大学入試論議

　「妥協の芸術」としての大学入試の性質を十分意識しないままにCOVID-19の下での大学入試を議論すると，また同じ失敗を繰り返すのではないか。過剰な局所最適化の試みが，逆に全体の体系を無秩序に破壊してしまう。今，一番，それを恐れている。この感染症の厄介なところは，現在の大学入試の実施場面との相性が著しく悪いことにある。中学校から高校への進学とは異なり，大学への進学は全国規模の広域移動を伴う。さらに，大人数の志願者が受験する筆記試験のような場面では「密集」を避けることは難しい。

　一方，高大接続改革の検証の中から浮かび上がってきたのは，各大学が行う個別学力検査の重要性である。特に，高大接続改革が目標としたように，大学入試で文章表現を評価することによって高校教育の課題であった表現力

の養成に良い影響を与えるためには，良質な教材として利用できる試験問題を大学入試の場面で産み出し，現在のように無料で供給していくしかない。一方，COVID-19の脅威を重大視し，あらゆる場面で感染リスクの極小化を目指すべきとするならば，現在のような形で個別学力検査を行うことは不可能である。今の時点では，COVID-19が作用する磁場の強さがこれからの大学入試にとって大きな判断要因となることだけは確実である。

　令和3年度（2021）年度入試の受験生は，高大接続改革に翻弄され続けた世代である。ここにきてCOVID-19の感染拡大を理由に彼らが日々努力を重ねて準備してきた成果を披露する場を奪うことは，大学側の約束違反であり，裏切り行為になると筆者は主張してきた（倉元，2020）。ただし，それは程度問題である。受験生や実施関係者を命の危険にさらすリスクと天秤にかけて，その場その場で苦しい判断をしながら経験を積み重ねるしかない。

　現在の感染状況を前提にすれば，令和3年度（2021年度）入試は，定められた範囲で万全の感染症対策を取りながら，基本的に予定されたスケジュール通りに進むだろう。その中で様々な例外的な措置が出てくることは避けられないが，それはあくまでも緊急対応である。「ウィズコロナ」，「アフターコロナ」の時代における大学入試のあり方は，評価すべき能力と現実的な実施可能性，そして，COVID-19感染のリスクという相矛盾する「スジ論」を丁寧に比較検討しながら，時間をかけて慎重に妥協点を探っていくしかない。これから数年間に起こるであろう，様々な緊急対応的な措置とは全く別のものとして考えなければならない。様々な場面で様々な判断がなされ，それに対して様々な批判が巻き起こるだろう。だからといって，COVID-19がもたらす危機に便乗して，……例えば，当事者とは無関係な海外の事例などを引き合いに出すなどして，……どさくさ紛れに大学入試を変えてしまおうというような動きは阻止しなければならない。

　今はまだ，COVID-19蔓延下の大学入試のあり方を具体的に論じるのは時期尚早と考える。とりあえず，単純なスローガンで全体を縮約しようとするのではなく，個別の事例を丁寧に積み上げて，多様な問題点を拾い上げていくべき時期だろう。「コロナ禍」の下での大学入試を考えるために，高大接続改革の方向転換から何らかの教訓を学び取るとすれば，そういうことになるのではないだろうか。

注

1 ）「適切な能力の判定」，「公平性の確保」，「下級学校への悪影響の排除」。佐々木は
　同じ内容を「能力・適性の原則」，「公正・妥当の原則」，「高校教育尊重の原則」
　と名付けている（佐々木，1984　p. 8）。しかし，木村が「日本型大学入学者選抜
　制度の三原則」として四六答申（中央教育審議会，1969/1971）から引き写した
　これらの表現の方が本稿の文脈に合致している（木村・倉元，2006）。
2 ）大学院大学 4 校を除く。
3 ）原資料は筆者の科学研究費研究のウェブサイトでご覧いただきたい。
　http://www.adrec.ihe.tohoku.ac.jp/wp/wpcontent/uploads/2016/12/H27kokuritsu-zo-
　kuho161222.pdf（最終閲覧日2022年 1 月 1 日）

文　献

中央教育審議会（1969/1971）．我が国の教育発展の分析評価と今後の課題，今後にお
　ける学校教育の総合的な拡充整備のための基本的施策について　文部省

中央教育審議会（2014）．新しい時代にふさわしい高大接続の実現に向けた高等学校
　教育，大学教育，大学入学者選抜の一体的改革について――すべての若者が夢や
　目標を芽吹かせ，未来に花開かせるために――（答申）平成26年12月22日　文部
　科学省　Retrieved from http://www.mext.go.jp/b_menu/shingi/chukyo/chukyo0/
　toushin/__icsFiles/afieldfile/2015/01/14/1354191.pdf（2021年12月29日）

大学入試センター（2017a）．「大学入学共通テスト（仮称）」記述式問題のモデル問題
　例　平成29年 5 月　大学入試センター　Retrieved from https://www.dnc.ac.jp/al-
　bums/abm.php?f=abm00009385.pdf&n=%E8%A8%98%E8%BF%B0%E5%BC% 8 F%E
　5%95% 8 F%E9%A1% 8 C%E3%81%AE%E3%83%A2%E3%83%87%E3%83%AB%E5
　%95% 8 F%E9%A1% 8 C%E4%BE% 8 B.pdf（2021年12月29日）

大学入試センター（2017b）．平成29年度試行調査　試験問題等　問題，正解表，解答用
　紙等　数学Ⅰ・数学 A　問題　大学入試センター　Retrieved from https://www.dnc.
　ac.jp/albums/abm.php?f=abm00011240.pdf&n=5-02_%E5%95% 8 F%E9%A1% 8 C%E5
　%86% 8 A%E5%AD%90_%E6%95%B0%E5%AD%A6%E2%85%A0A.pdf（2021年12月
　30日）

土井 真一（2020）．中教審高大接続答申から考える　倉元 直樹（編）大学入試セン
　ター試験から大学入学共通テストへ（pp.8-29）金子書房

木村 拓也・倉元 直樹（2006）．戦後大学入学者選抜制度の変遷と東北大学の AO 入試
　東北大学高等教育開発推進センター紀要，1，15-27.

高大接続システム改革会議（2015）．「大学入学希望者学力評価テスト（仮称）」で評価す
　べき能力と記述式問題イメージ例【たたき台】高大接続システム改革会議（第 9
　回）配付資料別紙 3　文部科学省　Retrieved from https://www.mext.go.jp/b_menu/
　shingi/chousa/shougai/033/shiryo/__icsFiles/afieldfile/2015/12/22/1365554_06_1.pdf
　（2021年12月29日）

倉元 直樹（2006）．新教育課程における東北大学の入試と教育接続――主に理科・情
　報，および，入試広報の観点から――　東北大学高等教育開発推進センター紀要，

1, 1-14.

倉元 直樹（2014）．受験生から見た「多様化」の意義——東北大学型 AO 入試と一般入試—— 独立行政法人大学入試センター研究開発部編 入試研究から見た高大接続——多様化する大学入試にせまる——, 24-37.

倉元 直樹（2020）．今年の大学生を「ロスト・ジェネレーション」にするな！ 「こころ」のための専門メディア note（ウェブコラム） 金子書房 Retrieved from https://www.note.kanekoshobo.co.jp/n/nda0a8c35dd00（2021年12月29日）（本章第 1章）

宮本 友弘・倉元 直樹（2017）．国立大学における個別学力試験の解答形式の分類 日本テスト学会誌, *13*, 69-84.［宮本 友弘・倉元 直樹（2020）．国立大学における個別学力試験の解答形式の分類 倉元 直樹（編） 大学入試センター試験から大学入学共通テストへ（pp.127-150）金子書房］

文部科学省（2016）．高大接続改革の進捗状況について 平成28年 8 月31日 文部科学省 Retrieved from https://www.mext.go.jp/b_menu/houdou/28/08/__icsFiles/afield-file/2018/04/25/1376777_001.pdf（2021年12月29日）

文部科学省高等教育局（2017）．「大学入学共通テスト実施方針」について 平成29年 7 月13日 29文科高第350号文部科学省高等教育局長通知

大谷 奨（2019）．共通テスト 国民的な議論必要 朝日新聞, 2019年 8 月25日

佐々木 亨（1984）．大学入試制度 大月書店

第 **3** 章

コロナ禍に対峙する「大学入試学」

倉元　直樹

第 1 節　コロナ禍の下での東北大学高等教育フォーラム

　突然のコロナ禍に襲われた令和 2 年（2020年），当初は例年通りの 5 月に予定されていた第32回東北大学高等教育フォーラム（以下，「第32回フォーラム」と表記する）が 9 月に延期となった。「大学入試を設計する――『大学入試研究』の必要性とその役割――」と題したこのフォーラムの概要は，東北大学大学入試研究シリーズ（以下，「本シリーズ」と表記する）第 5 巻「大学入試を設計する（宮本・久保編，2021）」に収載されている。ただし，「『大学入試学』の淵源と展開――個別大学の入試関連組織と入試戦略――」と題して行った筆者の基調講演を除いて，ということになる。それには以下のような事情があった。

　フォーラムの開催予定が春から秋へと延期になったのは，二度目である。最初の延期は，平成23年（2011年）の 5 月に予定されていた第14回東北大学高等教育フォーラム（以下，「第14回フォーラム」と表記する）「学習指導要領と大学入試――高大接続の原点を探る――」である。 3 月11日に発生した東日本大震災の影響で例年の 5 月から 9 月に延期となった[1]。このときは，当時の新学習指導要領の導入に伴う個別大学の入試の変更が控えており，それに関する検討状況が主題となる講演が含まれていた。したがって，フォーラムの延期に伴って当時の新指導要領に対応した東北大学の入試の検討も遅れるという実質的な被害があった。

1　本シリーズ第 1 巻『「大学入試学」の誕生（倉元編，2020）』の表Ⅰ 1-1（p. 4）に開催日として「H23.5.20」とあるが，誤って当初開催予定日が記載されている。正しくは「H23.9. 2 」である。お詫びして訂正する。

令和2年（2020年）の第32回フォーラムの延期には，第14回フォーラムの延期との共通点と相違点とがある。共通点は延期の理由である。平成23年（2011年）は東日本大震災，令和2年（2020年）は新型コロナウイルス感染症（以下，COVID-19と表記する）の蔓延と，いずれも予期せぬ大きな自然災害が原因となったことが共通点である。

　一方の相違点はその災害の性質にある。地震はある一時点で起こる災害である。もちろん，東日本大震災による被害は甚大であって，復旧に長い時間を要していたとはいえ，第14回フォーラムが開催された9月には，地震それ自体は余震も含めて一定の収束状況にあった。この時期のフォーラム開催には，遠来の参加者に対して復興しつつある仙台の街並みを体感してもらうという意義もあった。一方，COVID-19の流行は本稿を執筆している令和3年（2021年）末現在でも継続している。すなわち，たとえ延期したとしても，第32回フォーラムは文字通り「コロナ禍の下でのフォーラム」となったのである。それが大きな相違点である。

　第32回フォーラムの実施が予定されていた5月は，日本全国にただならない緊張感が漂う，いわゆる第1波の時期に当たっていた。9月に延期されたことで，その時期をやり過ごすことはできた。9月は第2波が収束に向かいつつある時期であったが，それでも開催自体が大きなリスクを伴う「賭け」と見られる可能性は高かった。移動制限がかかり，大規模イベントが自粛されてきた経験を踏まえると，主催者側にも周囲にも数百名規模のイベントの実施にはクラスター発生の危険が伴うとの認識が強かった時期である。そのため，例年とは逆に，来場者数をできるだけ抑えなければならなかった。その条件下で一定の参加者数を確保するため，開催方法は来場参加とその模様を同時配信することによるオンライン参加のハイブリッド方式を取ることになった。

　第32回フォーラムの当日，会場となった東北大学百周年記念会館萩ホールは収容定員1,235名の大きな施設であるが，念には念を入れた周到なCOVID-19対策が行われた。そのため，来場者にも様々な形で行動制限が課されることとなった。最終的にはその努力が実り，スタッフを含めて91名の来場参加者にCOVID-19の感染者は発生しなかった。オンライン参加者284名[2]と合わせた参加者数375名という規模は例年並みに達し，「ウィズコロナ時代」

における新形態イベントとしての成功事例とみなされることとなった。

　主催者側の意識としては，フォーラムの実施は直近に迫ってきた大学入試の予行演習という意味合いがあった。翌年の1月から3月にかけて，大学入学共通テスト（以下，「共通テスト」と表記する）の本試験と追試験，AO入試Ⅲ期，前期日程と後期日程の個別試験およびその追試験という，例年にも増してハードスケジュールの大学入試シーズンを控えていたが，まずは，11月に迫ったAO入試Ⅱ期をどう乗り切るかが課題であった。

　第32回フォーラムを問題なく実施できれば，県境をまたぐ移動を伴うイベントにも一定の理解が得られ，来るべき各種入試の実施に向けて明るい視野が開けるはずである。しかし，万が一，第32回フォーラムがクラスターの発生源ともなれば，令和3年度（2021年度）入試の実施そのものが危機に瀕してしまう。そういった切迫感が漂う中でのイベント開催であった。

　性質が全く異なるとはいえ，初めてのオンライン配信も入試実施の予行演習の一部という意識があった。入試の時期に感染が拡大し，通常の対面での入試が実施不能となる場合には，オンライン技術を駆使してリモート環境で選抜を行わなければならなくなる可能性も想定された。それは未経験のことで検討したこともなかった状況だが，大学入試にオンライン技術を利用するとすれば，どのような問題が発生しうるのかについては，あらかじめある程度の経験を積んでおきたかった。フォーラムの同時配信を通じて，オンライン入試における配信技術のテストを行いたい。そういった課題を抱えての開催でもあった。

　第32回フォーラムを主題とした本シリーズ第5巻は，令和3年（2021年）5月に刊行された。そこでは必ずしも明確には言及されていないサブテーマが，実は，未体験の「コロナ禍の下での大学入試」のシミュレーションであったのだ。

2　実質的には参加申込者数である。

第2節　コロナ禍の下での大学入試設計

　コロナ禍の下でのフォーラムの実施という状況は，筆者の基調講演の内容
にも実質的な影響を及ぼした。第32回フォーラムの企画は，前年の令和元年
（2019年）12月にほぼ固まっていた。COVID-19の流行が始まる直前であり，
講演内容にCOVID-19の要素は盛り込まれていない。5月開催予定として
講演タイトルが入ったビラが作成され，周知も行われていた。当初，筆者の
基調講演は，本シリーズ第1巻「『大学入試学』の誕生（倉元編，2020）」に
基づいて個別大学の入試設計について考察することを想定していた。しかし，
実際にはCOVID-19の影響を無視することができない状況となっていた。

　「大学入試学」は，実践の学となるべく構想したものである。テーマが
「大学入試」である以上，実践的な「解答例」が必要である。五里霧中で準
備が進行していたCOVID-19の下での大学入試に関しても，何らかの暫定
的な解を用意しなければならない。COVID-19という新しい要素が加わるこ
とで，「大学入試学」に対して与えられる課題の難易度が格段に高くなった。

　COVID-19の蔓延は，世界中の誰も予想していない想定外の出来事であっ
た。それだけに，COVID-19環境下での大学入試というのは，歩みを始めよ
うとしている「大学入試学」にとっては，いきなり高度な応用問題を突き付
けられた形である。しかし，逆に言えば，問題をある程度整理して考えられ
れば，今の状況に対応できるレベルに達することが可能になるかもしれない。
そう考えて，基調講演に臨んだ次第である。

　第32回フォーラムの基調講演（倉元，2021）の前半部分は本シリーズ第1
巻「『大学入試学』の誕生」の一部と，本書第2章「『コロナ禍』の下での大
学入試——高大接続改革の方針転換から見えてきた課題と展望——」の抜粋
となっているので，省略する。以下は，基調講演の後半部分を基にして，新
たに書き下ろしたものである。

第3節　課題の整理

　COVID-19に伴う問題点を整理するための枠組みとして，課題を「長期的な課題」と「当面の課題」，「政策的な課題」と「個別大学の課題」に分類する。

　アフターコロナの時代の大学入試の設計，これは「長期的な課題」に分類される。アフターコロナ，ないしは，ウィズコロナ時代に大学入試は根本的に変わるのか，という問題である。明らかなのは，COVID-19と大学入試の実施は非常に相性が悪いということである。例えば，試験会場でどの程度の間隔をとれば「密」と判断されないのか。また，入試問題を作成するには，どうしても対面で「密」な環境を設定せざるを得ない。そういう意味で，非常に相性が悪い。さらには，大学入試には広域の移動が伴う。これらが新たに加わった条件である。

　しかし，それは大学入試において評価すべき能力に変更が要求される事態ではない。ということは，単に大学入試の実施に必要な条件に新たな一要素が加わった状況と認識すべきである。COVID-19という環境条件の下で「妥協の芸術」としての入試に新たな均衡点を模索するということが，これからの大学入試の設計にとって必要になってくる課題である。そして，この問いに解を与えるには，現時点では判断材料が不足している。根本的，構造改革的な再設計を語るには時期尚早と言える。

　短期的な問題，「当面の課題」は令和3年度（2021年度）の入試をどう実施するか，ということになる。「政策的な課題」は文部科学省，さらに国立大学の場合は国立大学協会の指揮の下，総合型選抜，学校推薦型選抜，一般選抜，全て現在進行形で対応が進行していった。様々な批判があったとしても，実施時期や選抜資料の配慮，実施上の対策等について各大学に対応を任せるのではなく，明確な指針が示されていた。大学入試の現場は，ガイドラインを参照しながら実施準備に当たることができる環境が整えられた。

　それでは，「個別大学の課題」にどう向き合うかが問題となる。COVID-19に加えて特別な条件として加わってくるのが，高大接続改革初年度の受験生が受験する，という状況である。この点をどの程度意識するかで大学

としての最適な対応に差が生まれるかもしれない。変化に翻弄された世代だということを強く意識すれば，直前の実施条件の変更はなるべく避けなければならない。

　これらの諸要素を踏まえて，具体的に東北大学が令和3年度（2021年度）入試をどう乗り切るか，ということが「当面の課題」であり，「個別大学の課題」であった。「密」状態の回避は文部科学省の指針に従うことになる。問題は県境を越えた広域移動である。これは悩ましい課題である。この課題をどうクリアするべきか。

　東北大学の学部入試の構成を考えながら，判断のためのエビデンスを集める作業に取りかかった。

◆◇◆

第4節　緊急高校調査

　東北大学の入試のうち，AO入試Ⅱ期は募集期間が10月に設定されており，11月に実施を迎える。AO入試Ⅲ期は共通テストの後，2月の実施となる。一般選抜は他の国立大学と同様に前期日程，後期日程の日が2月25，26日，3月12日とそれぞれ決められている。

　そこで，例年は年末から年度末にかけて実施されてきた高校調査の時期を繰り上げ，8月にCOVID-19環境下における東北大学の入試実施に関わる緊急高校調査が行われた。東北大学に志願者・合格者が多い300校ほどが対象で，第32回フォーラムの時点は，回収率60％弱の状況での報告となった[3]。調査における状況設定は，「COVID-19の感染状況が悪化して県境をまたいだ行動に制限がかかっているため，大学独自で個別の判断をしなければならない状況」とした。共通テストは実施されることを前提とした。共通テストに支障が出るような状況であれば，全国的にロックダウンとなるような緊急事態である。一大学の判断ではどうにもならないので，大学の対応について尋ねても意味がないと考えたからである。調査を始めた8月初旬の感染状況

---

[3]　本節の記述は第32回フォーラムの報告を基にしており，基調講演で発表された中間集計結果に基づくものである。同調査の最終集計結果を含む記録は，大学入試研究ジャーナル第32号に掲載されている（倉元・宮本・長濱，2022）。

であれば，感染対策をしながらの入試の実施に問題はなかった。状況が著しく悪化した場合に高校教員が大学に対してどういう対策を望むかを把握することが調査の主旨であった。

　調査の際に設定する状況として，「AO 入試 II 期第 1 次選考」，「同第 2 次選考」，「AO 入試 III 期第 2 次選考」，「一般選抜個別試験」という 4 つの場面が別々に設定された。それぞれ状況が異なるので，一律に扱えないというのが，4 場面が設定された理由であった。

1．AO 入試 II 期第 1 次選考に関する調査結果

　AO 入試 II 期は，共通テストを利用しない総合型選抜であり，令和 3 年度（2021年度）入試では第 1 次選考が11月 7 日（土）に実施予定であった。第 32回フォーラムの実施日から，出願期間を挟んで第 1 次選考まで約 1 か月半に迫っていた。東北大学の AO 入試は「学力重視」が謳われており，全ての実施学部が第 1 次選考で筆記試験を課す改革が行われた最初の年度に当たっていた。

　図 3 - 1 に示す通り，選択肢は 5 つとした。選抜を中止して，定員を一般選抜ないしは AO III 期に割り振る「選抜中止」という意見は，単純集計では 2 割弱あったが，重みづけ集計では，1 割強となった。筆記試験を中止して提出書類で選抜する「筆記中止」も10％程度見られたが，重みづけ集計では 3 〜 4 ％にすぎない。全体としていえば少数派であった。

　最も多くの選択が集まったのは，「地方会場」の設置であった。重みづけ集計[4]では過半数に達する。実は，これは困惑せざるを得ない結果であった。選択肢としては設定したが，現実的には COVID-19 に対応することを目的とした地方会場の設置は，一個別大学では原理的に実行不可能だからである。それは，ほぼ実質的に全ての受験生に対して個別対応するということに近くなるからだ。例えば，東京に地方会場を設けるとする。東京に在住する受験者は問題ないが，東京周辺から県境を越えて感染状況の厳しい東京に受験者を集めることになる。それを回避するためには志願者が居住する都道府県ご

4　回答数をそのままカウントする単純集計に対し，重みづけ集計では東北大学への志願者数ないしは合格者数を重みとして掛けた上で集計する。そのため，東北大学の受験当事者の意見が相対的に強く反映される（本書第 2 章参照）。

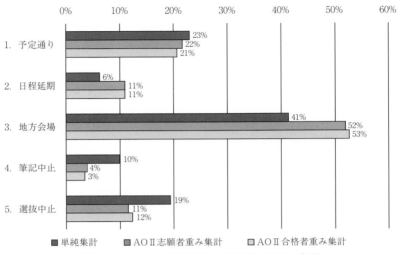

図3-1. AO入試Ⅱ期第1次選考に対する意見

とに地方会場の設置が必要となる。毎年，ほぼ全ての都道府県から志願者が集まってくる東北大学の入試の現状に鑑みると，明らかに無理がある。この選択肢を設けたのは，調査票を設計した時点で，一般選抜で国立大学の全てが協調して会場を融通し合うというような制度ができれば地方会場の設置も不可能ではない，と発想したからであった。しかし，調査実施前には半数近い回答がこの選択肢に集中するとは予想し得なかった。

　一方，「予定通り」の実施にも4分の1程度の選択があった。これに「地方会場設置」を加えると，全体の4分の3は「厳しい環境下であっても筆記試験を実施してほしい」という主旨の回答だったと読み取れる。

　日程を延期して筆記試験を実施する「日程延期」は6％程度，重みづけでは10％強と選択が少なかった。おそらく，以後の入試日程が予定通りであった場合の日程が窮屈となることへの懸念が大きかったものと思われる。

2．AO入試Ⅱ期第2次選考に関する調査結果

　AO入試Ⅱ期の第2次選考では，全ての募集単位が面接を課している。そこで，選択肢に「オンライン」等による面接を加えることとした。結果は図3-2に示すとおりである。

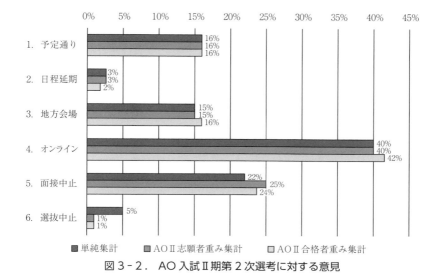

図3-2.　AO入試Ⅱ期第2次選考に対する意見

　面接試験を中止して提出書類および筆記試験で選抜する「面接中止」は4分の1程度の選択率であった。全体としては少数派だが，第1次選考の「筆記中止」よりはかなり高い比率であったと言える。逆に，第1次選考が終了した時点での「選抜中止」はほとんど選択されなかった。

　最大の特徴は，「オンライン」であった。単純集計でも重みづけ集計でも選択が4割程度見られたということが注目に値する。少なくとも，この当時は，面接試験のオンライン化がCOVID-19環境下で大学入試を実施するための有力な解決方法と考えられていたことが分かる。この結果を見て，オンラインの選択肢を第1次選考，すなわち，筆記試験にも入れておくべきだったと感じた。最初から筆記試験は技術的に難しいだろうと判断して選択肢には入れなかったが，筆記試験と面接試験でオンライン化の受容にどのような違いが見出されるのか，比較のためには必要な情報であったかもしれない。

　なお，令和3年度（2021年度）入試では，一定程度，実際にオンラインによる大学入試の実施が行われた。多くは面接試験のオンライン実施であったが，問題が噴出した[5]ことから，現在ではこれほどの支持は得られないかも

5　本シリーズ第7巻『コロナ禍に挑む大学入試（2）世界と日本編』第6章参照。

しれない。

3. AO入試Ⅲ期第2次選考に関する調査結果

　AO Ⅲ期は，共通テスト直後に募集期間が設定されている。共通テストを第1次選考に利用するため，例年，大変厳しい日程で実施されている。臨機応変に特別な対応を取ることはほぼ不可能であることから，選択肢は3つに絞られた。すなわち，「予定通り」実施，面接が中心の第2次選考を中止して共通テストで選抜する「2次中止」，主として共通テストによる第1次選抜が成立している段階であっても，選抜を中止して定員を一般選抜に振替える「選抜中止」の3通りである。

　結果は図3-3に示す通り，「2次中止」が全体の3分の2を占め，多数派となった。AO入試Ⅲ期は，従来の大学入試センター試験，令和3年度（2021年度）入試からの共通テストが重い比重を占める選抜機会である。日程上の制約から第2次選考で代替措置を講ずることは難しい。多くの回答者はその辺りの事情を配慮したのであろう。なお，「予定通り」には20%強の選択があり，「選抜中止」は1割程度の選択であった。

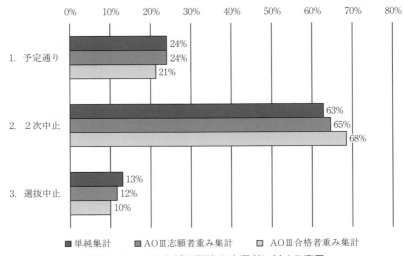

図3-3．AO入試Ⅲ期第2次選考に対する意見

4. 一般選抜個別試験に関する調査結果

　一般選抜個別試験に関する選択肢は，「予定通り」の実施，「日程延期」，「地方会場」の設置，個別試験を中止しして主として共通テストで選抜を行う「個別中止」，令和3年度（2021年度）入試による募集を取りやめる「募集中止」の5つであった。

　総合型選抜であるAO入試が「選抜中止」となった場合には，その募集人員を一般選抜に振替えることが可能である。しかし，個別試験の場合は即座に当該年度における募集人員相当分の選抜が完遂できないことを意味する。

　結果は図3－4に示す通りである。最初に特筆すべき結果として，「募集中止」という選択肢を選んだ回答が1件もなかったことが挙げられる。COVID-19の感染状況が著しく悪い場合，可能性としては当該年度の学生募集を見送る判断もあり得るわけだが，それは実質的には受け入れられることがない選択肢であることが確認された。どれほど過酷な状況に置かれたとしても，大学は何らかの形で入学者選抜を実施して次年度に迎え入れる入学者を決定しなければならない。

　残る4つの選択肢の中では，「地方会場」の設置と「予定通り」の実施に選択が2分される形となり，2つ合わせて約4分の3を占めた。「個別中止」

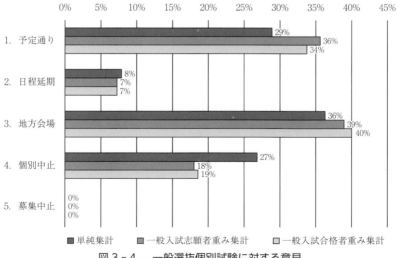

図3－4．一般選抜個別試験に対する意見

は，単純集計では4分の1程度の選択があったが，重みづけ集計ではその比率が2割弱まで圧縮された。特に東北大学の受験者層を数多く抱える学校では，個別試験の重要性がより強く認識されている傾向が確認できたと言える。

「日程延期」は7〜8%程度の選択であったが，時期的に学年暦の後ろ倒しが避けられなくなることを嫌って，あまり多くの回答者が選択しなかったものと思われる。

◆◇◆
第5節　結　語

最終的に東北大学の令和3年度（2021）年度入試は，選抜要項，募集要項で予告したとおりに実施された。入試の実施によってCOVID-19に感染した者も現れなかった。入試実施時点でのCOVID-19の感染状況や文部科学省から提示されたガイドラインの明確さ等，外在する条件に守られての結果ではあったが，「当面の課題」をクリアすることはできた。

調査結果は実施方法のプライオリティを判断する根拠として役立ったと言える。自信を持って「（簡単には）実施方法を変更しない」という決意を固めるには，調査結果は後押しとなった。大学入試の実践におけるエビデンスの1つとして，宮本（2021）は「ステークホルダーのニーズ」を挙げた。行動のためのエビデンスを見出す手段として，緊急高校調査は典型的な方法の1つであったと言える。

一方，「長期的な課題」は重たい宿題である。コロナ禍の下での大学入試には新たに何が求められるのか。残念ながら，それを探るところから始めなければならない。受験生の安全確保と約束された選抜方法の実行というのは，まさに究極の選択と言えるものである。緊急調査の回答者もその捉え方によって判断が分かれたものと思われる。

オンライン技術を利用した大学入試方法の開発は，この先の大学入試の発展を目指す上において1つの方向性と言える。ただし，それが唯一の道というわけでもない。現在，対面で行われている試験をオンラインで再現する技術はない。それが実現できれば大きな進歩であろうが，今のところ，急場をしのぐ緊急避難でしかない。まして，オンライン技術を活用して現在の大学

入試が抱える限界を超えるような仕組みが創出されるには，多くの研究の積み重ねが必要となるだろう。

　もう１つ，緊急高校調査において「地方会場」の設置に対する選択が多かったことは注目に値する。コロナ禍の下での大学入試を経験する中で，共通テストの利点として自宅近くの試験会場で受験可能なことが挙げられることが多かった。共通テストの重要性に関する認識が改めて行き渡ったことは歓迎すべきことだろう。

　しかし，共通テストが大学入試で測るべき資質・能力を十分にカバーしきれていないのも事実である。高大接続改革の方向転換をめぐる議論の中で，個別試験で実施されている記述式テストの役割の大きさがクローズアップされた。もしも，コロナ禍を克服するための地方会場の設置が実現できるとすれば，各大学が個々に実施を行う現在のスタイルでは対応できない。オンライン入試の技術開発が検討すべき事項であるならば，選抜の主体を大学に置いたままに実施を共同化する仕組みの必要性も，今後検討すべき課題の１つと言えるのではないだろうか。

　令和３年度（2021）年度入試への対応は大学によって様々に分かれた。その評価としても様々な意見があるだろうが，少なくとも諸外国で起こった出来事と比較した場合には，日本で取られた対応は COVID-19 から受験生がこうむる被害を小さい範囲に止めることができたのではないかと思われる[6]。現時点の「大学入試学」は，残念ながらコロナ禍における新たな均衡点について解を示すことができるほどのレベルには達していない。まずは冷静に問題点の整理から始めなければならない。本章をそのヒントの１つに位置づけていただければ幸いである。

文　献

倉元 直樹（編）（2020）．「大学入試学」の誕生　金子書房

倉元 直樹（2021）．「大学入試学」の淵源と展開──個別大学の入試関連組織と入試戦略──　東北大学高度教養教育・学生支援機構（編）　IEHE TOHOKU Report 84　第32回東北大学高等教育フォーラム　新時代の大学教育を考える［17］報告書　大学入試を設計する──「大学入試研究」の必要性とその役割──　9-20　東北大学高度教養教育・学生支援機構　Retrieved from http://www.ihe.tohoku.ac.jp/

6　本シリーズ第７巻『コロナ禍に挑む大学入試（2）世界と日本編』参照。

cahe/wp-content/uploads/2021/03/ 4 baef295b144d24347e78ca1eb17b1f3.pdf（2021年12月31日）

倉元 直樹・久保 沙織（編）（印刷中）．コロナに挑む大学入試（2）世界と日本編　金子書房

倉元 直樹・宮本 友弘・長濱 裕幸（2022）．COVID-19蔓延下における個別大学の入試に関する高校側の意見　大学入試研究ジャーナル, *32*, 1-8.

宮本 友弘,（2021）．エビデンスから見た大学入試学の意義と実際　宮本友弘・久保 沙織（編）（2021）．大学入試を設計する（pp.2-25）　金子書房

宮本 友弘・久保 沙織（編）（2021）．大学入試を設計する　金子書房

第 2 部

検証
コロナ禍の下での大学入試
（令和 3 年度）

コロナ禍における個別大学の入学者選抜
——令和3年度選抜を振り返って——[1]

立脇　洋介

第1節　はじめに

　令和元年（2019年）12月に中国の武漢で発生した新型コロナウイルス感染症は，私たちの社会を大きく変化させた。大学でも，対面授業からオンライン授業への変更，課外活動の中止など，教育活動全般で多大な影響を受けた。

　入試広報や入学者選抜も同様であり，可能な限り集団での活動をやめ，少人数での活動やオンラインへと変更された。しかし，入学者選抜を大きく変更し，オンライン試験などこれまで実施したことのない方法で行えば，様々な混乱が生じ，受験者に多大な影響を与える可能性もあった。さらに，令和3年度（2021年度）選抜は，大学入試センター試験が大学入学共通テストへと変更され，個別大学でも選抜方法が見直された「高大接続改革」後，初めて行われる入学者選抜であった。大学も受験者も，新しい入学者選抜に加えて，コロナ禍という，二重に特別な状況で入学者選抜を迎えることになった。各大学の入試担当者は，通常の選抜方法と受験者の安全性を重視した選抜方法のどちらを実施するかで頭を悩ませ続けながら，入学者選抜を実施した。

　筆者の所属する九州大学の令和3年度（2021年度）選抜では，オンライン試験が積極的に実施され，総合型・学校推薦型選抜で受験者の4割，268名がオンライン試験で受験した。本章では，コロナ禍で実施された令和3年度（2021年度）の入学者選抜を振り返り，このような決定に至った背景や実際の入学者選抜においてどのような工夫をしたのか説明する。前半では，九州

1　本稿は，第34回東北大学高等教育フォーラム「検証　コロナ禍の下での大学入試」（令和3年（2021年）5月17日）において，基調講演1「コロナ禍における個別大学の入学者選抜——令和3年度選抜を振り返って——」として発表した内容を加筆修正したものである。

大学の令和3年度（2021年度）の入学者選抜における新型コロナウイルスへの取り組みについて説明する。後半では，全国の大学における取り組みを紹介し，まとめと課題について論じる。

◆◇◆
第2節　入学者選抜に向けた準備

　第2節と第3節では，入学者選抜に向けた準備期間と入学者選抜を実施した期間での取り組みについて説明する。準備期間の決定内容や実際に実施した選抜方法は，各時点での新型コロナウイルスの感染状況の影響を受けたため，図4-1に全国の新型コロナウイルス新規陽性者数と入学者選抜に関す

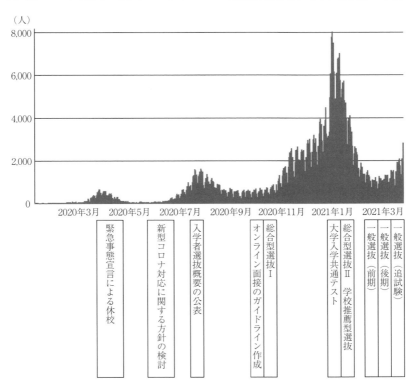

図4-1．全国の新型コロナウイルス新規陽性者数と入試スケジュール

注：陽性者数は https://www.mhlw.go.jp/stf/covid-19/open-data.html のオープンデータを用いて作成

るスケジュールを示す。

1. 方針の検討

　令和3年（2021年）4月，新型コロナウイルスの感染拡大により，第1回の緊急事態宣言が発出された。その結果，九州大学は授業を含めた教育活動を，例年より1か月遅れた5月から開始した。高等学校は，より大きな影響を受けており，3月から全国で一斉休校がなされ，2か月近く通常の教育活動ができなかった。

　全国の大学は，毎年7月にその年度に実施する入学者選抜の概要を公表している。つまり，新型コロナウイルスの影響で通常の教育活動が行われていない高校生に実施する入学者選抜を，7月までの3か月間で検討し，公表する必要があった。そこで，6月に学内で入学者選抜における新型コロナウイルス対応に関するワーキンググループを立ち上げ，検討を開始した。検討にあたり，考慮した内容を表4-1に示す。

　この中でも特に考慮したのが，新型コロナウイルス感染拡大防止のための九州大学の行動指針（表4-2）である。感染拡大状況に応じて，0から5の段階が設定してある。0は対面授業の段階であり，通常の入学者選抜が実施できる。5は全ての授業が停止の段階であり，入学者選抜も延期や中止にせざるを得ない。判断に迷うのは，1～4の対面授業と遠隔授業を併用する段階であり，このような状況での入学者選抜における対策や代替手段を検討していくことにした。

　検討の結果，大きな方針として，試験の「厳格さ・公正性」，受験者の「安全性」，受験者と大学の「負担」の3つのバランスをとりながら入学者選抜を実施することを確認した。このため，一般選抜のように大人数で受験し，厳格な筆記試験をオンラインで実施することは負担が非常に大きく，困難であるため，この時点では検討しないことにした。

　上記の方針のもと，具体的に以下の4つの対応を行うことになった。第1に，新型コロナウイルスに罹患した等の人を対象に一般選抜（前期・後期）の追試験を実施する。第2に，6月の時点では大学入学共通テストや一般選抜の個別学力検査が対面で実施できない状況を想定しない。第3に，試験実施にあたり，感染症対策を最大限行う。第4に，総合型選抜と学校推薦型選

表4-1. 入学者選抜における新型コロナウイルス対応検討時の考慮事項

◆第一回緊急事態宣言時の状況
・大学への立ち入り禁止
・都道府県を超えた移動の制限

◆福岡県の感染状況
・近隣の都道府県よりひどい感染状況
・他県から福岡県への移動が困難

◆高校生の状況
・一斉休校による授業や部活動への影響
・オンライン試験を受験できる環境

◆九州大学の状況
・感染拡大防止に関する大学の行動指針（表4-2）
・入学者選抜方法…ほぼ全ての受験者で共通テストを利用

◆他大学や諸外国の入学者選抜方法の変更
・大学入学者選抜実施要項（文科省）…一般選抜の追試験の必要性
・アメリカやイギリスの入学者選抜…共通テストが中止され，高等学校の成績等で入学者選抜を実施

表4-2. 新型コロナウイルス感染拡大防止のための九州大学の行動指針

段階	区分	授業
0	通常	
1	一部制限	感染拡大防止に十分な配慮をした上で，対面と遠隔を併用して，授業を行います。
1.5	一部制限	感染拡大防止に最大限の配慮をした上で，対面と遠隔を併用して，授業を行います。
2	制限（小）	感染拡大防止に最大限の配慮をした上で，対面と遠隔を併用して，授業を行います。
3	制限（中）	原則として，遠隔授業による科目の開講とします。ただし，部局長等の判断により一部の対面授業を可とします。
4	制限（大）	遠隔授業による科目のみの開講とし，対面授業によるものは開講しません。
5	原則停止	遠隔・対面を問わず，原則として全ての授業科目の開講を中止します。

注：行動指針のうち，入学者選抜との関連する授業部分を抜粋

抜は，感染拡大状況に応じて各学部の判断で試験をオンラインなどに変更し，コロナで受験できない人へは受験料の返金を行う。最後の総合型選抜と学校推薦型選抜に関する変更は，方針を受けて各学部が具体的な対応を検討する。ただし，選抜の時期に感染が落ち着いていれば，通常の方法で実施するバックアップという位置づけであった。

　受験者の混乱を避けるため，7月の入学者選抜概要では，一般選抜（前期・後期）の追試験のみ公表し，総合型選抜と学校推薦型選抜については，コロナの感染拡大によって変更する可能性があることのみを示した。

2．総合型選抜，学校推薦型選抜に向けた準備

　7月に入学者選抜概要を公表してから，各学部は総合型・学校推薦型選抜に関する具体的な検討を開始した。8月の感染拡大の際に，大学院入試を実施する必要があった。多くの学部は，オンラインで入試を実施した。ただし，学部の入試と異なり大学院の入試は，以下のような特徴がある。

　　・共通テストがないため，学力等を学部で評価する必要がある
　　・学部の入試より受験者数が少ない
　　・受験者がパソコンなどオンライン試験に必要な設備を持っている

　大学院入試をそのまま学部の入試で利用できるわけではないものの，多くの学部がオンライン試験を経験したことは大学として重要な経験となった。

　さらに大学全体でワーキンググループを作成し，多くの学部が実施予定であったオンライン面接の注意点を検討することにした。学部，アドミッションセンターに加えて，学内の情報センターの教員も参加し，セキュリティ対策や接続トラブル対策についても議論した。この際，複数の学部の教員が8月の大学院入試の経験に基づき，より具体的な提案を行った。最終的に10月にオンライン面接に関するガイドラインとしてまとめられた。ガイドラインで示されたオンライン面接の注意事項の一例を表4-3に示す。

3．一般選抜に向けた準備

　一般選抜は最も多くの人が受験をし，例年前期日程5,000名，後期日程2,000名ほどが志願する。最も密な状態が生じやすいため，その対策を行った。例えば，一部屋あたりの受験者数を検討したり，分散して会場に入れる

表4-3. オンライン面接に関する注意事項の一例

◆受験者の不正対策
・受験者へ禁止事項を説明する
・受験者本人であることを確認する
・試験の様子をカメラで録画する
・試験中にパソコン等を触らないよう指示する

◆接続トラブル対策
・受験者に対して事前接続テストを実施する
・接続トラブル用にパソコン以外の非常用連絡手段を確保する
・意図しない接続トラブルで失格としない

よう，会場に入れる時間を長くとったりした。さらに，体調不良の受験者に対して，接するスタッフを最小限にするよう，遠隔の面接で指示をする準備も検討した。

　一般選抜では，追試験を実施することを公表している。九州大学では，2日で実施している前期日程と1日で実施している後期日程の両方を，3月22日の1日で実施する必要がある。また，それまでの新規感染者数の推移から，追試験の対象者がそれほど多くないと予想していた。そのため，理科や社会など複数の科目から選択できる教科は，受験者が1名という事態も想定された。その場合，試験結果を十分に評価することが困難であると考えられた。

　以上の理由から，九州大学の追試験では，数学と英語を合わせた「総合問題」，「面接」，「小論文」の中から学部ごとに出題内容を選択することにし，問題作成等の準備を進めた。

◆◇◆
第3節　入学者選抜の実施

1．総合型・学校推薦型選抜

　本章の冒頭でも説明したが，総合型・学校推薦型選抜では，19の募集区分で受験者の4割がオンライン試験で受験した。それは，オンライン試験に向けた準備を進めてきたことに加えて，多くの学部が総合型選抜と学校推薦型選抜を実施した1月に感染が拡大していたことが背景にある（図4-1参照）。受験者のためになるべく早く変更を発表したかったものの，急激な感染拡大

の影響で，学部によっては1月下旬に実施する選抜の変更を1月の初旬に発表することになってしまった。

　具体的な変更として，大半の学部では面接や口頭試問など会話形式の試験を，対面からオンラインに変更して実施した。その他には，小論文をオンラインの口頭試問に変更した学部や，筆記の課題探究試験や作品を作成する課題をオンラインで実施した学部もあった。

　選抜終了後，オンラインで実施した学部にトラブル等について確認した。受験者の不正に関しては，大学のガイドラインが機能し，不自然な動きをする受験者等は見られず，大きな問題は見られなかった。ただし，口頭試問など正誤のある知識問題を出題した学部では，通常の面接に比べて厳しい対策を実施していた。

　接続トラブルに関しても，大学のガイドラインが機能し，やり直しをした受験者はいたものの，大きなトラブルは生じなかった。受験者に実施した事前接続テストが特に効果的であり，操作方法の確認だけでなく，ネットワークのつながりにくい部屋等も事前に確認でき，選抜当日のスムーズな実施につながった。その一方で，受験者1名ずつの実施のため，受験者の多い学部では教職員の負担が非常に大きかった。

2．一般選抜

　一般選抜では，追試験を除いて試験内容等の大きな変更は行わなかったものの，感染症対策を徹底した。具体的には，大学入学共通テストの新型コロナ対策を参考にしつつ，学内の感染症の専門家からの助言にも基づきながら実施した。例えば，体調不良者が多くても対応できるよう，医務室は例年以上の体制で設置した。さらに試験前に机の消毒を実施した。追試験に関しては，前期日程と後期日程の志願者合計7,629名のうち，追試験の受験者は7名であった。試験は大きなトラブルがなく終了した。

第4節　全国の大学の入学者選抜における
オンライン試験の活用状況

　前節までに紹介したように，九州大学では総合型選抜と学校推薦型選抜で一部オンライン面接等を実施したのに対し，一般選抜は追試験を含めて全て対面で実施した。それでは，全国の大学において，オンラインによる入学者選抜は実際どの程度実施されたのであろうか。本節では文部科学省（2021）が実施した調査結果の概要を紹介する。

　文部科学省（2021）は全国の775大学を対象に令和3年度（2021年度）入学者選抜におけるオンライン試験の活用状況について調査を行った。まず，個別選抜においてオンラインを活用した入試を実施した学部は，一般選抜で2.9％（N=2,645学部），総合型選抜で19.1％（N=1,950学部），学校推薦型選抜で18.4％（N=2,310学部）であった。ただし，いずれの選抜区分でも国立大学に比べて私立大学の方が2～3倍ほど実施している割合が高かった。

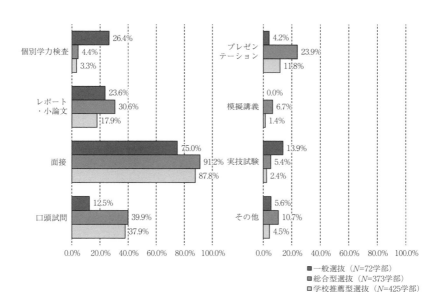

図4-2．オンラインを活用した入試の実施内容
（文部科学省，2021より一部を抜粋して作成）

オンライン試験を実施した学部で具体的な行われた内容をまとめたものが図4-2である。オンライン面接は，全ての選抜方法で7割以上の学部で実施されていた。次に多かったのは，総合型選抜と学校推薦型選抜の口頭試問であり，4割ほどの学部で実施されていた。面接や口頭試問など，会話形式の試験はオンライン試験との相性がよく，比較的多く実施されたと考えられる。また，一般選抜の個別学力検査，一般選抜と総合型選抜のレポート・小論文も2割以上の学部で実施されたていた。筆記形式の試験も，工夫次第でオンラインで実施できるものの，実際に実施した学部は少数にとどまっていた。

◆◇◆
第5節　今後に向けて

コロナ禍で行われた令和3年度（2021年度）入学者選抜の経験を今後につなげるために「オンラインでの入学者選抜」，「緊急事態での入学者選抜」の2点について考察を行う。

1．オンラインでの入学者選抜
1.1．オンラインで実施しやすい方法

試験や問題の種類によって，オンラインでの実施しやすさが異なる。最も実施しやすいのは，学部を志望した理由や高校時代の活動などを尋ねる面接である。多くの高校生は，これらの質問がされることを事前に想定し，準備もしているため，仮に問題が漏洩したとしても，大きなトラブルになりにくい。

一方，同じ口述形式の試験でも，口頭試問のように知識を尋ねる場合，問題の内容を知っているかどうかで，得点が大きく異なってしまうために，対策が必要となる。

筆記形式の試験は，回答中の受験者の動きを監視するなどの工夫が必要となるが，小論文のように他者からの支援が得にくい問題の場合，比較的実施しやすい。

さらに，同時に受験する人が少ないほど，オンラインで実施しやすい。逆

に，多数の受験者が受験し，筆記形式で知識を尋ねる一般選抜は，最もオンラインで実施しにくいといえる。

1.2.　慣れた単純な方法での実施

　技術的に可能であってもトラブル回避のために，オンライン試験はなるべく単純な方法で実施することが望ましい。例えば，受験者同士のディスカッションをオンラインで実施することは可能であるが，受験者のうちの１名でも接続トラブルが発生すると全受験者に影響が出てしまう。また，ソフトの特別な機能を利用する場合，その分だけトラブルが発生しやすくなってしまう。

　オンライン試験のための専用ソフトを用いて試験を実施することも考えられるが，受験者も試験実施者も初めて利用する場合，能力を発揮したり，評価をしたりするのが疎かになる可能性がある。実施上問題がなければ，普段から利用し，使い慣れているソフトで実施することが望ましい。

1.3.　大規模接続トラブルへの備え

　接続トラブルのうち，事前準備によって受験者のトラブル対策はある程度できる。大規模な接続トラブルは，発生頻度は少ないものの，発生した際に大きな問題になるため，十分な対策が必要である。

　例えば，大学のサーバーのトラブルに備えて，予備の通信手段を確保しておくことなどが考えられる。さらに，通信ソフトの大規模トラブルに備えて，予備のソフトを事前に知らせておいたり，試験の予備日を設定したりすることが考えられる。継続的，安定的に実施していくためには，このような対策も必要となる。

２．　緊急事態での入学者選抜

2.1.　「厳格さ・公正性」，「安全性」，「負担」のバランス

　方針の検討の際にも説明したが，緊急事態での入学者選抜では，試験の「厳格さ・公正性」，受験者の「安全性」，受験者と大学の「負担」のバランスが非常に重要である。

　図４-３に例を示したが，対面で筆記試験を実施すれば，厳格で受験者の

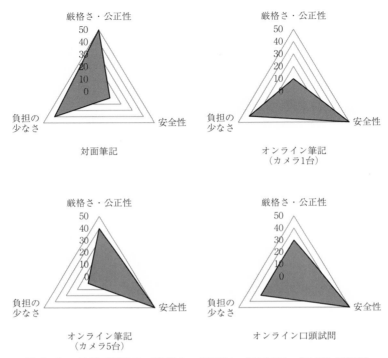

図4-3. 入学者選抜の「厳格さ・公正性」，「安全性」，「負担」評価例

負担は少ないものの，安全性に不安が残る。安全性を確保するために，オンラインで筆記試験を実施する場合，カメラが1台では厳格さ・公正性が不足し，カメラを5台にすると負担が大きくなってしまう。

　オンラインでの口頭試問に変更した場合，一定程度の厳格さ・公正性と負担の少なさを保つことができる。このように3つの次元で見ることで，求めている選抜になっているかどうかを判断することができる。

　入学者選抜の「厳格さ・公正性」と緊急事態の「安全性」を両立しようとすると，受験者と大学の「負担」が大きくなりがちである。

　令和3年度（2021年度）入学者選抜は，コロナ禍で迎えた初めての選抜だったこともあり，受験者だけでなく，担当した大学教員も精神的・肉体的に疲弊していた。オンライン試験を導入した学部では，入学者選抜の準備時間が例年の3倍以上であったという事例もあった。緊急事態ゆえに，多少の

負担の増加はやむを得ないものの，継続的に実施していくためには，負担も適切な水準にしていく必要がある。

2.2. 類似した事態との整合性

　コロナ禍の入学者選抜では，今回限りということで一般選抜の追試験等，これまで実施されなかった対応が行われた。例えば，新型インフルエンザが流行した平成22年度（2010年度）入学者選抜では，大学入試センター試験の追試会場の拡大は行われたものの，今回のように個別大学の一般選抜での追試験は実施されていない。どういう理由で，今回が例外なのかを明確にしておかなければ，今後類似した事態で混乱が生じることが予想される。高校と大学関係者でしっかりと議論しておくことが必要である。

3．おわりに

　本章では個別大学の入試担当者の立場から，令和3年度（2021年度）入学者選抜を振り返った。受験者，高校，大学，それぞれが例年以上の負担をしながら何とか終えたというのが率直な感想である。未だに新型コロナウイルスの収束の目途は立っていないものの，今回の経験と課題を生かし，着実に入学者選抜を実施していくことが求められている。

付　記

　本稿は JSPS 科学研究費補助金 JP21H04409の助成に基づく研究成果を一部活用している。

文　献

九州大学（2022）．新型コロナウイルス感染拡大防止のための九州大学の行動指針　九州大学　Retrieved from https://www.kyushu-u.ac.jp/f/46633/guidance_20220123.pdf（2022年2月13日）

文部科学省（2021）．大学入試のあり方に関する検討会議（第26回）配布資料　新型コロナウイルス感染症に対応するための個別試験におけるオンラインの活用　文部科学省　Retrieved from https://www.mext.go.jp/content/20210521-mxt_daigakuc02-000015074_3.pdf（2022年2月13日）

第5章

大学入試における教員としての資質・能力の評価
——令和3年度入試における横浜国立大学教育学部の対応——[1]

鈴木　雅之

第1節　はじめに

　令和2年（2020年）1月に，日本で最初の新型コロナウイルス感染症患者が発見された。その後，新型コロナウイルス感染症の感染は国内でも拡大していき，小学校，中学校，高等学校及び特別支援学校に対して，3月2日から臨時休業することを要請する方針が示された（文部科学省，2020a）。また，学校再開後も，長期休業期間の短縮や学校行事の見直し（文部科学省，2020b），全国高等学校総合体育大会の中止など（全国高等学校体育連盟，2020），児童生徒たちの学校生活は大きく変化することとなった。

　新型コロナウイルス感染症の影響は大学入試も例外ではない。たとえば，学業の遅れに対応できる選択肢を確保するために，大学入学共通テストには第2日程が設けられ，国立大学の個別学力検査では追試験が設定された（文部科学省，2020c）。また，大会や資格・検定試験の中止等への配慮や，丁寧に面接を行うなど，時間をかけて選抜するという総合型選抜の趣旨を踏まえた選考期間を確保するために，総合型選抜の出願時期が2週間後ろ倒しになった（文部科学省，2020c）。その他にも，新型コロナウイルス感染症対策に伴う試験実施上の配慮等の対応が，各大学でなされた。

　こうした状況の中で横浜国立大学は，「令和3年度（2021年度）入学者選抜要項」が公開された令和2年（2020年）7月31日の段階で，個別学力検査を実施しないという決定をした（横浜国立大学，2020a）。その後，宇都宮大

第2部　検証　コロナ禍の下での大学入試（令和3年度）

1　本稿は，第34回東北大学高等教育フォーラム「検証　コロナ禍の下での大学入試」（令和3年（2021年）5月17日）において，現状報告3「大学入試における教員としての資質・能力の評価」として発表した内容を加筆修正したものである。

学と信州大学人文学部・経済学部も，年の明けた令和3年（2021年）1月21
日に個別学力検査を実施しないという変更を発表したが[2]（信州大学人文学
部，2021a；信州大学経法学部，2021a；宇都宮大学，2021），横浜国立大学
の個別学力検査中止という対応はいち早いものであり，異例なものとして取
り上げられた（上野，2020など）。

　しかし，横浜国立大学の対応が注目を集める一方で，横浜国立大学教育学
部では，「従来のキャンパスでの試験と同等となるような代替措置を検討し，
課題の提出を課した」ということはあまり知られていない。横浜国立大学の
教育学部以外の学部が，個別学力検査の成績を大学入学共通テストの成績で
代替することにより選抜するという決定をした中で，教育学部では，面接試
験，小論文試験，および実技検査に相当する提出物を課すといった対応をし
た。こうした対応の背景には，教育学部のアドミッション・ポリシーがある。
本稿では，横浜国立大学教育学部が令和2年度（2020度）に実施した入試の
概要について説明するとともに，大学入試における教員としての資質・能力
の評価について考えていきたい。

　なお，本稿は著者個人の見解に基づくものであり，横浜国立大学の公式見
解ではないことに留意されたい。

第2節　新型コロナウイルス感染症対策に伴う選抜方法の変更

1．横浜国立大学教育学部の入試の概要

　横浜国立大学では，平成29年度（2017年度）入学者選抜から，いわゆるゼ
ロ免課程であった人間文化課程の学生募集が停止され，地域の教員養成の中
核としての役割を果たすために，教育人間科学部から学校教育課程のみの教
育学部に改編された。また，神奈川県内唯一の国立大学教員養成系学部とし
て，地域の教員養成の中核的存在として従来以上に重要な役割を果たしてい
くため，令和3年度（2021年度）にも教育組織が改編され，課程名称が学校

2　信州大学は，いずれかの都道府県に対して2月8日以降に緊急事態宣言が発せられている場
合に選考方法を変更すると発表したが，緊急事態宣言の延長が決まったことから，最終的に選
考方法も変更された（信州大学人文学部，2021b；信州大学経法学部，2021b）。

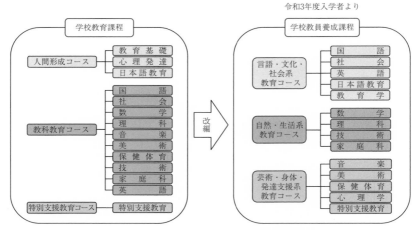

図5−1. 横浜国立大学教育学部の組織の概要

教員養成課程となった。現在，横浜国立大学教育学部学校教員養成課程は，
3つのコースと14の専門領域から編成されており（図5−1），すべてのコー
スにおいて小学校教諭一種免許状の取得が義務づけられている。

　以上のように，横浜国立大学教育学部は教員養成を目的としており，この
ことは入学者受入の方針（アドミッション・ポリシー）にも示されている
（図5−2）。また，教育組織の改編に伴い，入試改革も行われてきた。具体
的には，平成29年度（2017年度）入学者選抜までは，一般選抜（一般入試）
における個別学力検査の内容は，「総合問題，音楽の実技，美術の実技，体
育の実技のうち1つを選択する」というものであったが，平成30年度（2018
年度）入学者選抜からは，「面接試験（集団）」及び「小論文（教育課題論

　　教育学部（学校教員養成課程）は，学校教育に関心が高く，教員として子どもの
　学びへの支援の方法を能動的かつ協働的に創造していこうとする強い熱意を有する
　人を求めている。教育学部が求める学生像は次の通りである。
　・子どもとコミュニケーションをとりながら共に学び続けたい人
　・学校教育の充実，創造に貢献したい人
　・特別支援教育の充実，創造に貢献したい人
　・現代的な教育課題に対して，他者と協働して広い視野に立った解決策を構想し実
　　践したい人

図5−2．横浜国立大学教育学部のアドミッション・ポリシー（横浜国立大学，2020b）

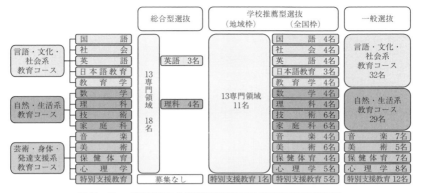

図５-３.　横浜国立大学教育学部の入学者選抜の枠組み

文），音楽の実技，美術の実技，体育の実技のうち１つを選択する」という
ものとなった。

　現在の横浜国立大学教育学部の入学者選抜の枠組みを図５-３に示す。教
育学部では，一般選抜以外に総合型選抜と学校推薦型選抜を実施しており，
図５-３には示されていないが，帰国生徒選抜も実施されている。また，学
校推薦型選抜には地域枠と全国枠とがある。地域枠は，神奈川県と横浜市，
川崎市，相模原市教育委員会等と連携した地域密着型の教員養成課程として，
地域の学校教員を養成する中心的役割を担うことを目標としていることから
設定されている（横浜国立大学教育学部，2020）。なお，一般選抜は前期日
程のみであり，令和３年度（2021年度）入学者選抜からは，芸術・身体・発
達支援系教育コースの音楽・美術・保健体育専門領域に出願する場合には，
選択した専門領域の実技検査が個別学力検査で課され，言語・文化・社会系
教育コースと自然・生活系教育コース，芸術・身体・発達支援系教育コース
の心理学・特別支援教育専門領域に出願する場合には小論文が課されるよう
になった。

２．令和３年度（2021年度）入学者選抜における選抜方法の変更

　令和３年度（2021年度）入学者選抜では，入試区分によって異なる点もあ
るが，基本的には，面接試験は「面接試験に相当する内容の動画」，小論文
は「小論文試験に相当する内容のレポート」，実技検査は「実技検査に相当

する内容の写真・動画」の提出を課すといった変更がされた。例として一般
選抜・個別学力検査における変更点の概要を表5-1，試験科目設定の意図
を図5-4に示す。

　試験科目設定の意図から分かるように，教育学部ではアドミッション・ポ
リシーに基づき，教員になる上での資質・能力を評価するために，大学入学
共通テストのみで選抜を行うのではなく，代替課題による選抜を行ったとい
える。言い換えれば，教員になるという意志や，教員になる上での資質，学

表5-1．　一般選抜・個別学力検査における，新型コロナウイルス感染症対策に伴う
　　　　選抜方法等の変更（横浜国立大学，2020a）

言語・文化・社会系教育コース，自然・生活系教育コース，芸術・身体・発達支援系教育コース（心理学・特別支援教育専門領域）	
変更前	変更後
集団面接試験（調査書および自己推薦書の評価を含む）と小論文（教育課題論文）	面接試験（調査書および自己推薦書の評価を含む）と小論文（教育課題論文）試験に相当する内容の動画やレポート等の提出物により合格者を決定します。

芸術・身体・発達支援系教育コース（音楽・美術・保健体育専門領域）	
変更前	変更後
集団面接試験（調査書および自己推薦書の評価を含む）と，選択した専門領域の実技検査「音楽の実技」，「美術の実技」，「体育の実技」	集団面接試験（調査書および自己推薦書の評価を含む）と，選択した専門領域の実技検査「音楽の実技」，「美術の実技」，「体育の実技」に相当する内容の写真や動画等の提出物により合格者を決定します。

　一般選抜では，教員志望の熱意，コミュニケーションを想定した表現力・思考力
の適性を確認し，教員になるという意志が強く，教員になる上での資質の高い学生
を選抜するために，志願者全員に面接試験の内容に相当する動画作成を課します。
　「言語・文化・社会系教育コース」，「自然・生活系教育コース」，「芸術・身体・
発達支援系教育コース（心理学・特別支援教育専門領域）」を受験する者には読解
力・文章作成力・論理的思考力などの教員になる上での基礎的な資質を評価するた
めに小論文（教育課題論文）試験の内容に相当するレポート作成を課します。また，
音楽・美術・保健体育専門領域を受験する者には音楽・美術・体育の実技検査の内
容に相当する写真や動画の作成を課し，学校教員として必要となる実技能力を備え
ているか評価します。

図5-4．　一般選抜・個別学力検査における，試験科目設定の意図
（横浜国立大学，2020c）

校教員として必要となる実技能力等を大学入学共通テストのみで評価することは困難と考えられることから，代替課題を実施したといえる。

　なお，個別学力検査を中止することに対する懸念として，しばしば学力の担保が挙げられる。しかし，教育学部では，個別学力検査において教科に関する学力検査はもともと実施されていない。そのため，選抜方法の変更に伴う，学力の担保という側面での懸念はあまりなかったと考えられる。

◆◇◆
第3節　教員に求められる資質・能力

　では，教員に求められる資質・能力とは，そもそもどのようなものであろうか。教員が備えるべき資質・能力については，「今後の教員養成・免許制度の在り方について（答申）」（中央教育審議会，2006）や，「教職生活の全体を通じた教員の資質能力の総合的な向上方策について（答申）」（中央教育審議会，2012）などで，繰り返し提言されてきた。「これからの学校教育を担う教員の資質能力の向上について（答申）」では，教員としての不易の資質・能力の例として，使命感や責任感，教育的愛情，教科や教職に関する専門的知識，実践的指導力，総合的人間力，コミュニケーション能力等が挙げられている（中央教育審議会，2015）。また，平成22年度（2010年度）に実施された教員採用選考試験の募集要領等に記載された教育委員会が求める教員像には，「教科等に関する優れた専門性と指導力，広く豊かな教養」と「教育者としての使命感・責任感・情熱，子どもに対する深い愛情」，「豊かな人間性や社会人としての良識，保護者・地域からの信頼」が多く挙げられていた（文部科学省，2011）。

　これらのように，教科や教職に関する専門性や指導力だけでなく，熱意や愛情，コミュニケーション能力，人間性が教員には求められているといえる。教職に関する専門性や実践的指導力等は，大学での学習を通して身につけるものと捉えれば，横浜国立大学教育学部が評価しようとしている資質・能力と，教員に求められる資質・能力との間には，それほど大きな乖離はないと考えられる。

　次に，教員採用選考試験において，教員としての資質・能力がどのような

表 5-2. 67都道府県・指定都市教育委員会，及び大阪府豊能地区教職員人事協議会の選考試験の内容（文部科学省，2020d より作成）

	小学校	中学校	高校
一般教養	47	47	41
教職教養	64	64	56
専門教科	67	67	59
作文・小論文試験	43	41	36
個人面接	68	68	60
集団面接	45	46	40
模擬授業	48	49	39
場面指導	25	25	21
指導案作成	11	12	9

注）表の中の値は県市の数を表す

方法で評価されているのかを見てみる。日野（2014）によると，教員採用選考試験は，筆記と面接，作文・小論文，模擬授業等の多様な方法が組み合わされて実施されているが，現代では，教育者としての使命感，豊かな人間性や社会性，指導力等を備えた優れた人材を確保することが求められ，人物評価が重視される傾向にある。実際に，67都道府県・指定都市教育委員会，及び大阪府豊能地区教職員人事協議会の計68県市が実施した教員採用選考試験を対象とする調査によると，令和2年度（2020年度）実施の試験において，小学校と中学校では，すべての県市で個人面接が実施され，多くの県市で集団面接も実施されるなど（表5-2），教員採用選考試験では面接が重視されている。

　そこで本稿では，面接による評価に焦点を当てて，新型コロナウイルス感染症対策による，動画提出課題の適切性について考えていきたい。

第4節　面接による評価と動画課題による評価

1．面接評価の特徴

　面接は，「面接者と被面接者との互いのコミュニケーションによって，人間の心理学的特性を測定する方法」（日本テスト学会，2007）と定義され，筆記試験では評価の難しい特性を評価できるのが強みと考えられている（西郡，2020）。また西郡（2020）は，大学入試における面接の狙いとして，志望分野に対する興味・関心の程度の確認，志望分野における適性の確認，学習習慣や行動力などに関する確認，入学意思の確認，受験者本人の人物特徴の確認の大きく5つの視点を挙げている。

　さらに西郡（2020）は，面接があることで，「自分がこの大学・学部で何を学びたいのか」を考えるきっかけになるなどの教育的効果が期待できるほか，アドミッション・ポリシーを理解してもらう機会になるという利点があると指摘している。たとえば，著者が所属する心理学専門領域の場合，卒業後の進路として学校教員ではなくスクールカウンセラー等を志望している受験生が，出願を検討していることがある。しかし，心理学専門領域であっても教員養成という目的は同一であることから，学校教員に関心がないと，入学後の不適応につながってしまう恐れがある。そのため，面接を実施することに伴う教育的効果や，アドミッション・ポリシーを理解してもらうことは重要といえる。

2．動画課題の特徴

　学校推薦型選抜における面接試験に相当する内容の動画課題については募集要項に記載があることから，例として，地域枠・専門領域枠なし（特別支援教育専門領域を除く）における課題内容を図5-5に示す。動画課題の場合，課題内容について考える時間が十分にあることから，受験生は「なぜ教員になりたいのか」や「横浜国立大学の教育学部で，何をどのように学びたいのか」について，深く考えるきっかけになると考えられる。そのため，教育的効果や，アドミッション・ポリシーを理解してもらう機会には十分になるといえる。また，動画課題では一方向的なコミュニケーションになるが，

①出身学校名と氏名
②神奈川県内で教職を志望する理由（2分程度）
③本学部入学後の学修計画（入学後どのようなことを，どのように学んでいきたいか）（3分程度）
④プレゼンテーション（6分程度）
　神奈川県内には様々な（人やもの，コトなどの）地域資源があります。あなたが学校教員（小学校あるいは中学校）でこれらを活用した授業を行う場合，どのような授業を実践したいですか。あなた自身がやってみたい授業の構想についてプレゼンテーションしてください。
　はじめに小学校もしくは中学校の対象学年，教科名，題材名を告げてから，授業構想について説明してください。プレゼンテーションの方法について特に制限はありません。

図5-5．地域枠・専門領域枠なし（特別支援教育専門領域を除く）
における動画課題の内容（横浜国立大学教育学部，2020）

　聞き手のことを想定して適切に情報を伝達することができる人は，双方向のやり取りがあるコミュニケーション場面でも適切に情報を伝えることができると考えられる。学校教育においては一方的に情報を伝達する場面も少なからずあることから，動画課題で高いパフォーマンスを示す力があることは重要といえよう。

　ただし，質問に対する回答や提出書類などに対して掘り下げた質問をすることができず，予想外の質問に対する対応力などをみることもできないなど，細かい所作の確認や双方向のやり取りができないことは，動画提出課題のデメリットになる。また，対面での面接試験と同様，「表情，容姿，態度など言語外の表面的な印象に影響されやすい」，「面接者の個人的な好き嫌いによって評価しやすい」等の誤り（二村，2005）は，動画課題においても生じる恐れがある。

　一方で，動画課題には，対面での面接試験と比較したときのメリットもある。たとえば，対面での面接試験では待ち時間がストレスになったり，待ち時間が受験者によって異なることに対する不公平感を受験生が持ったりすることがあるが（香川・平野，2002），動画課題にはこうした問題はない。また，対面での面接試験も動画課題も，採点する順序により結果が変動してしまうという系列効果や，直前に面接した人物の特徴と比較して評価しやすいという対比効果が生じてしまう恐れがあるが，動画提出の場合には採点順序をランダムにする等の対応が可能になるため，こうした問題への対処方法に

表5-3. 質問の展開における誤り（二村，2005より作成）

面接者が話をしすぎて，被面接者に関する必要な情報が得られない
質問が場当たり的で，被面接者全員について一貫した情報が得られない
評価したい能力とは関連がない質問をしやすい
被面接者の緊張を解きほぐせず，本音の情報が引き出せない

ついて選択の幅が広がる。さらに二村（2005）は，面接試験において面接者が陥りやすい誤りを4つ挙げている（表5-3）。動画提出課題では，こうした質問の展開における誤りが生じることはなく，面接者，あるいは面接室によって展開が異なることもなく，公平に試験を実施することができる。

　以上のように，代替措置には一見すると問題が多いようにも感じられるが，対面での面接における問題を克服できる点もあり，メリットもあるといえる。

第5節　おわりに

　本稿ではまず，新型コロナウイルス感染症対策として，横浜国立大学教育学部が令和2年度（2020年度）に実施した入試の概要について説明した。教育学部では，教員志望への熱意や教員としての資質等を評価するための代替課題が検討され，「面接試験に相当する内容の動画」，「小論文試験に相当する内容のレポート」，「実技検査に相当する内容の写真・動画」の提出を課すこととなった。こうした提出型の課題の最大の特徴は，感染状況が深刻な事態に陥ったとしても，試験の実施可能性が高いという点にあるであろう。

　「令和3年度（2021年度）入学者選抜要項」が公開された令和2年（2020年）7月31日の時点では，その後の感染状況を予測することはできず，宇都宮大学や信州大学人文学部・経済学部のように，直前になって個別学力検査が中止となる恐れもあった。また，個別学力検査だけでなく，大学入学共通テストが中止となる可能性も議論されていた（増谷，2020）。そうした中で，確実に実施可能な選抜方法に変更したことには，「今後，選抜方法が変更になるのではないか」，「本当に試験は実施されるのか」といった不安を解消する効果があったと考えられる。さらには，受験に伴う移動がないことにより，受験生とその家族が感染するリスクを最小限にすることができることも，提

出型課題の大きな特徴であろう。

　もちろん，選抜方法の変更による受験生および高等学校の戸惑いや，学習と教育に与える影響は決して小さくなかったと考えられる。また，従来の選抜方法で，それまでの学習の成果を発揮したかったという受験生や，対面での面接試験で志望動機を直接伝えたかったという受験生もいたと考えられることから，選抜方法変更を受験生がどのように受け止めたのかについては，真摯に向き合う必要がある。この問題と関連して，選抜方法変更の意図については，大学ホームページやオープンキャンパス等で説明が行われてきたが，十分な説明責任を果たすことができたのかについて振り返ることも重要である。すなわち，アドミッション・ポリシーなどと同様に，大学側の意図を受験生に正確に伝え，納得感を持ってもらうことは，入学者選抜を健全に実施していくための重要な要素といえることから，選抜方法の適切性のみならず，広報のあり方という観点からの議論も今後行っていく必要がある。

　また本稿では，面接試験に相当する内容の動画に焦点を当てて，教員としての資質・能力を評価する上で適切な対応であったのかについて考察した。動画課題には限界点もあるものの，対面での面接試験と比較した場合のメリットもあり，代替課題として一定の適切性があるといえるであろう。ただし，代替措置が適切であったかどうかについては，妥当性や信頼性[3]の観点から検証することが望まれる。たとえば，提出課題の成績と大学の成績の間には関連があるのかや，（令和3年度に入学した学生の）教員採用率は例年と比較してどの程度なのか，といった問題について，今後検証していくことが考えられる。また，対面での面接試験における評価と動画課題による評価との間に，どのくらいの相関がみられるかも重要な問題である。これについては，双方の課題を実際の試験で課さない限りには検証が困難であることから，心理学実験などで検証することが考えられる。

　令和3年度（2021年度）入学者選抜は，新型コロナウイルス感染症の影響により，意図せずして対応策について考える事態となったが，選抜試験のあり方について考える機会になったと捉えることも可能である。すでに「令和4年度（2022年度）入学者選抜要項」では，従来の方法で選抜する予定であ

3　妥当性とは，意図した構成概念を適切に評価できている程度であり，信頼性とは，評価の安定性や一貫性のことである（詳細については，久保，2020など）。

ることが示されているが（横浜国立大学，2021），よりよい選抜試験のあり方や，不測の事態への対応について考えを深めるためにも，令和3年度（2021年度）の入学者選抜試験を単なる代替措置として終わらせるのではなく，成果や課題について検証し，今後に生かしていくことが，何よりも重要といえる。

文　献

中央教育審議会（2006）．今後の教員養成・免許制度の在り方について（答申）　文部科学省　Retrieved from https://www.mext.go.jp/b_menu/shingi/chukyo/chukyo0/toushin/1212707.htm（2021年8月7日）

中央教育審議会（2012）．教職生活の全体を通じた教員の資質能力の総合的な向上方策について（答申）　文部科学省　Retrieved from https://www.mext.go.jp/component/b_menu/shingi/toushin/__icsFiles/afieldfile/2012/08/30/1325094_1.pdf（2021年8月7日）

中央教育審議会（2015）．これからの学校教育を担う教員の資質能力の向上について——学び合い，高め合う教員育成コミュニティの構築に向けて——（答申）　文部科学省　Retrieved from https://www.mext.go.jp/component/b_menu/shingi/toushin/__icsFiles/afieldfile/2016/01/13/1365896_01.pdf（2021年8月7日）

日野　純一（2014）．教員採用選考試験の現状と課題　京都産業大学教職研究紀要，*9*，1-16．

香川　知晶・平野　光昭（2002）．面接試験の構造化とその評価——構造化のプロセスと受験者アンケートによる評価——　大学入試研究ジャーナル，*12*，45-54．

久保　沙織（2021）．大学入試研究に求められる Validity と Validation　宮本　友弘・久保　沙織（編）　大学入試を設計する（pp.198-202）　金子書房

増谷　文生（2020）．共通テスト，感染が拡大したら… 個別試験は中止？　合否判定は？　濃厚接触者の受験は？　朝日新聞 EduA　Retrieved from https://www.asahi.com/edua/article/13927768（2021年8月7日）

文部科学省（2011）．都道府県・指定都市教育委員会が求める教員像　文部科学省　Retrieved from https://www.mext.go.jp/b_menu/shingi/chukyo/chukyo11/001/shiryo/__icsFiles/afieldfile/2011/09/26/1309293_04.pdf（2021年8月7日）

文部科学省（2020a）．新型コロナウイルス感染症対策のための小学校，中学校，高等学校及び特別支援学校等における一斉臨時休業について（通知）　文部科学省　Retrieved from https://www.mext.go.jp/content/202002228-mxt_kouhou01-000004520_1.pdf（2021年8月7日）

文部科学省（2020b）．新型コロナウイルス感染症の影響を踏まえた公立学校における学習指導等に関する状況について（令和2年6月23日時点）　文部科学省　Retrieved from https://www.mext.go.jp/content/20200717-mxt_kouhou01-000004520_1.pdf（2021年8月7日）

文部科学省（2020c）．令和3年度大学入学者選抜について　文部科学省　Retrieved

from https://www.mext.go.jp/content/20201023_mxt_sigakugy_1420538_00002_0004. pdf（2021年8月7日）

文部科学省（2020d）．令和2年度教師の採用等の改善に係る取組事例 文部科学省 Retrieved from https://www.mext.go.jp/content/20200722-mxt_kyoikujinzai01- 000008797-1.pdf（2021年8月7日）

日本テスト学会（2007）．テスト・スタンダード――日本のテストの将来に向けて ―― 金子書房

二村 英幸（2005）．人事アセスメント論――個と組織を生かす心理学の知恵―― ミネルヴァ書房

西郡 大（2020）．大学入試における面接評価 中村高康（編）大学入試がわかる本 ――改革を議論するための基礎知識――（pp.149-167） 岩波書店

信州大学人文学部（2021a）．令和3年度信州大学人文学部一般選抜（前期・後期日程）の選考方法について 信州大学 Retrieved from https://www.shinshu-u.ac.jp/ faculty/arts/news/2021/01/150883.php（2021年8月7日）

信州大学人文学部（2021b）．令和3年度信州大学人文学部一般選抜（前期・後期日程）選考方法の変更について 信州大学 Retrieved from https://www.shinshu-u. ac.jp/faculty/arts/news/2021/02/151171.php（2021年8月7日）

信州大学経法学部（2021a）．令和3年度信州大学経法学部一般選抜（前期日程）の選考方法について 信州大学 Retrieved from https://www.shinshu-u.ac.jp/faculty/econ- law/news/3-4.php（2021年8月7日）

信州大学経法学部（2021b）．令和3年度信州大学経法学部一般選抜（前期日程）選考方法の変更について 信州大学 Retrieved from https://www.shinshu-u.ac.jp/faculty/ econlaw/news/post-46.php（2021年8月7日）

上野 創（2020）．横浜国立大，一般選抜の個別学力検査を取りやめ 「苦渋の決断」の背景は？ 朝日新聞 EduA Retrieved from https://www.asahi.com/edua/arti- cle/13645513（2021年8月7日）

宇都宮大学（2021）．新型コロナウイルス感染症拡大に伴う令和3年度一般選抜個別学力検査の中止について 宇都宮大学 Retrieved from https://www.utsunomiya-u. ac.jp/docs/ippansenbatsu_chushi.pdf（2021年8月7日）

横浜国立大学（2020a）．令和3年度（2021年度）入学者選抜要項 横浜国立大学 Retrieved from https://www.ynu.ac.jp/exam/faculty/essential/pdf/senbatsu2021.pdf （2021年8月7日）

横浜国立大学（2020b）．令和3年度一般選抜の個別学力検査について 横浜国立大学 Retrieved from https://www.ynu.ac.jp/hus/nyushi/24327/detail.html（2021年8月7日）

横浜国立大学（2020c）．令和3年度（2021年度）一般選抜学生募集要項 横浜国立大学 Retrieved from https://www.ynu.ac.jp/exam/faculty/essential/pdf/2021_boshu.pdf （2021年8月7日）

横浜国立大学（2021）．令和4年度（2022年度）入学者選抜要項 横浜国立大学 Re- trieved from https://www.ynu.ac.jp/exam/faculty/essential/pdf/senbatsu2022.pdf（2021 年8月7日）

横浜国立大学教育学部（2020）．令和3年度（2021年度）教育学部学校教員養成課程

学校推薦型選抜学生募集要項　横浜国立大学　Retrieved from https://www.ynu.ac.jp/exam/faculty/essential/pdf/2021_kyo_suisen.pdf（2021年8月7日）

全国高等学校体育連盟（2020）．令和2年度公益財団法人全国高等学校体育連盟4月臨時総会における協議結果等について（通知）　公益財団法人全国高等学校体育連盟　Retrieved from https://www.zen-koutairen.com/pdf/news_soutai2020_kekka.pdf（2021年8月7日）

オンラインを活用した東北大学入試広報活動の新たな展開[1]

久保　沙織

第 1 節　東北大学の入試広報活動

1．入試広報活動の来歴

1.1.　東北大学の入試広報活動の種類と特徴

　大学が行う広報活動の中でも，受験生に向けた情報発信は，他の広報活動とは区別して「入試広報」と呼ばれている（倉元・宮本・久保・南，2020）。入試広報は入学前の高校生の状況に大学が関与できる唯一ともいえる方法であり（平尾・大竹・久保・山内，2011），大学にとって，アドミッション・ポリシーに掲げられた求める学生像に合致した志願者を集めるための重要な活動と位置付けられている。一方で，高等学校にとって，個別大学が企画・実施する入試広報活動への参加は，キャリア探求活動の一環として位置付けられている。

　文部科学省では，高等学校で令和 4 年度（2022年度）から実施[2]される新学習指導要領の趣旨実現に向けたキーワードの 1 つに「個別最適な学び」を挙げており，中でも「学習の個性化」の観点において，「キャリアを見通したりしながら，自ら適切に学習課題を設定し，取り組んでいけるよう，教師による指導を工夫してくことが重要」（文部科学省初等中等教育局教育課程課，2021）とされている現在，高校生・受験生のキャリア形成に資する入試

1　本稿は，第34回東北大学高等教育フォーラム「検証　コロナ禍の下での大学入試」（令和 3 年（2021年） 5 月17日）において，基調講演 2 「オンラインを活用した東北大学入試広報活動の新たな展開」として発表した内容を加筆修正したものである。

2　平成29年（2017年）〜31年（2019年）に改訂された学習指導要領は，小学校では令和 2 年度（2020年度）から，中学校では令和 3 年度（2021年度）から全面実施され，高等学校では令和 4 年度（2022年度）から年次進行で実施される。

広報活動がより一層求められている。

　東北大学では，全学的な入試広報活動は学部入試関連の委員会で所掌されており，東北大学入試センター[3]が中核となり，当該委員会で定めた計画に従って実施されている（倉元他，2020）。全学的委員会の下，東北大学主催で組織的に実施されてきた入試広報活動は，高校訪問，入試説明会，進学説明会・相談会，オープンキャンパスの4種類に大別される。それぞれの概要を表6-1にまとめた（詳細については倉元他（2020）を参照されたい）。

　対象者に着目すると，高校教員を対象とした高校訪問，入試説明会と，主として高校生および受験生を対象とした進学説明会・相談会，オープンキャンパスに大別される。大学の教育・研究内容や入試情報等を印刷物やホームページを通して受験生に伝える活動を「発信型広報」，受験生と直接交流を持つ活動を「対面型広報」，オープンキャンパスのように学内に受験生を招き入れる活動を「学内型広報」とした寺下・村松（2009）の分類に従うならば，表6-1に示した4種類の入試広報活動のうち，高校訪問，入試説明会および進学説明会・相談会は対面型，オープンキャンパスは学内型となる。

表6-1．東北大学における4種類の入試広報活動概要

種類	対象	開始年	目的・内容	類型
高校訪問	高校教員（主に進路指導担当）	1999年（H11）	進路指導担当教員との情報交換と，生徒に対する進学説明会及び相談会．	対面型
入試説明会	高校教員（主に進路指導担当）	2000年（H12）	東北大学の入試（特に東北大学型AO入試）に関する情報提供．2019年度は全国21都市で実施．	対面型
進学説明会・相談会	高校生・受験生・保護者	2006年（H18）	本学学部教員も参加しての大学紹介，入試説明と個別相談．会場によっては他大学と共催．2019年度は全国6都市で実施．	対面型
オープンキャンパス	高校生・受験生	1999年[※]（H11）	学部単位で研究紹介，模擬授業等のイベント実施．	学内型

※　昭和57年（1982年）に工学部の金属系3学科が学科公開を行ったのが起源と考えられる。平成11年（1999年）より「東北大学オープンキャンパス」として全学実施。

3　平成11年（1999年）に，東北大学アドミッションセンターとして設立。二度の改組を経て，現在，組織上は主として専任教員の所属組織である東北大学高度教養教育・学生支援機構高等教育開発部門入試開発室と，特任教員を含む実施組織としての入試センターに分けられている。

表6-1には含めなかったものの，もちろん発信型広報も併せて行っているが，東北大学では伝統的に対面型・学内型の入試広報を得意としてきたという特徴がある。

1.2. 東北大学の入試広報活動に対する評価

入試広報活動の成果に関する客観的な評価は容易ではないが，ここでは，ステークホルダーである高校や他大学からの評価の一例として，朝日新聞出版より毎年4月に刊行されている「大学ランキング」の結果を紹介する。

東北大学は，「高校からの評価（総合）」において，2004年調査（朝日新聞出版，2005）から11年連続で第1位であり，2015年に東京大学にトップを譲ったものの，その翌年から再び第1位となり，2019年（朝日新聞出版，2020）までその順位を守り続けていた[4]。項目別では特に，「広報活動が熱心」あるいは「情報開示に熱心」という項目において，2014年調査以降7年連続第1位であり，入試広報を含めた東北大学の広報活動は高校から高く評価されている。

また，『大学ランキング2022年版』（朝日新聞出版，2021）では，全国の国公私立大学768校の学長・総長を対象としたアンケートの結果，「コロナ禍で優れた対応を行っていると思う大学」ランキングにおいて，東北大学は早稲田大学と並び第1位に選ばれている。この結果は入試広報活動に限った評価ではないものの，本稿で解説するように，コロナ禍においていち早く入試広報活動のオンライン化に取り組み，受験生・高校生やその保護者，そして高校教員に向けて積極的な情報発信を試みたことも，高評価の一因となり得たのではと自負するところである。

2. コロナ禍におけるオンラインを活用した入試広報活動

令和2年（2020年）の幕開けとともに日本でも猛威を振るい始めた新型コロナウイルス感染症の感染拡大により，東北大学が得意としてきた対面型広報，学内型広報は，方向転換を余儀なくされた。本稿では，令和3年度（2021年度）入試に向けて令和2年度（2020年度）中に実施された東北大学

4　『大学ランキング2022年版』（朝日新聞出版，2021）では，総合評価がなくなった。

におけるオンラインによる入試広報活動について報告する。

　表6-1に示した4種類の入試広報活動のうち，対面型，学内型の入試説明会，進学説明会・相談会，オープンキャンパスは，特定の会場に参加者を募って対面で行われる活動であり，密閉・密接・密着の3密状態を回避することが難しいことから，従来通りの実施は断念することとなった[5]。令和2年度（2020年度）当初より，対面実施の代替としてオンラインによる実施が検討され，東北大学入試センター副センター長の指揮の下，著者ら4名で構成されるオンライン広報作業部会が組織された。

　本作業部会は，全学の委員会内の組織として位置づけられ，オンライン広報活動の実務の一切を取り仕切ることとなった。オンライン広報作業部会の主な作業内容は，①ウェブサイトの仕様策定，②ウェブサイト・コンテンツの作成委託業者に対する指示と進行管理，③ウェブサイトの運営・管理，コンテンツの企画・作成，④各部局との交渉・調整，⑤周知活動（プレスリリース等）であった。入試説明会および進学説明会・相談会については5月の委員会で，オープンキャンパスについては6月の委員会で，オンラインによる実施が決定され，それぞれ名称は「オンライン入試説明会」，「オンライン進学説明会・相談会」，「オンラインオープンキャンパス」となった（以上，倉元他，2020）。

　また，全学的には，コロナ危機に続くニューノーマルを見据えた大学改革を加速することを目的に，令和2年（2020年）7月29日付で「東北大学ビジョン2030（アップデート版）」が発表され，「コネクテッドユニバーシティ戦略」が策定された（東北大学，2020）。本戦略の「教育の変革」における主要施策の1つに「距離・時間・国・文化等の壁を越えた多様な学生の受入れ推進」が掲げられ，具体策として「オンラインを活用して国内外を対象とする高大接続プログラムやオープンキャンパスを機動的に展開」および「海外ネットワークを利用した戦略的なアドミッションを通して卓越した留学生を獲得」が明示された。かくして，新型コロナウイルス感染症の感染拡大防止を目的として企画されたオンラインによる入試広報活動は，同時に，「東

5　4種類の入試広報活動のうち，高校訪問については，大学が定める「新型コロナウイルス感染拡大防止のための東北大学の行動指針」（BCP）の「出張」の指針に従い，当該時点でのBCPレベルに応じてその都度判断された。

北大学ビジョン2030（アップデート版）」に掲げられた主要施策実現の嚆矢
となった。

　以下では，オンライン入試説明会，オンライン進学説明会・相談会，オンラインオープンキャンパスのそれぞれについて，実施概要を説明するとともに，参加状況やアクセス数，アンケート等を通じた評価結果を報告する。

◆◇◆
第 2 節　オンライン入試説明会[6]

1．実施概要

　実施方法や申込み方法等を明記し，申込みサイトへのリンクを掲載した「東北大学オンライン入試説明会」の特設サイトを開設し，令和 2 年（2020年）7 月 1 日（水）より申込受付を開始した。申込み受付は，株式会社フロムページが提供する OCANs を利用し，説明会は Zoom ミーティングで行われた。

　従来の対面での入試説明会では，地域によって受験生の志願傾向や入試広報に求められる情報が異なることを考慮して，当該地域の実情とニーズに合致するよう全国21会場それぞれで内容を少しずつ変更していた。オンライン入試説明会においても，従来の入試説明会をできるだけ再現するという趣旨から，全国を11のブロックに分けて，勤務校が所在するブロックの説明会に申し込んでもらうという方法をとった。

　1 回の説明会をセッションと呼び，1 セッション当たりの時間は60分，定員は20名（20回線）とした。7 月13日（月）から 8 月 7 日（金）の期間に，計41回のセッションを設定した。各セッションの時間帯は，A. 13:00-14:00，B. 14:15-15:15，C. 15:30-16:30，D. 16:45-17:45のいずれかであり，それぞれ3 回，1 回，33回，4 回であった（セッションごとの実施時間等の詳細は久保他（2021a）を参照されたい）。なお，各ブロックでの開催回数（セッション数）は，これまでの入試説明会における参加実績や，令和 2 年度（2020年度）入試における都道府県別出願校数等を参考に決定した。ブロック区分お

6　本節の内容は，久保・南・樫田・宮本（2021a）からの抜粋および，倉元他（2020）の関連する内容に加筆修正を加えて再構成したものである。詳細については当該論文を参照されたい。

表6-2．ブロック区分とセッション数

ブロック	都道府県	セッション数
北海道	北海道	2
北東北	青森県，秋田県，岩手県	4
宮城	宮城県	6
南東北	山形県，福島県	3
北関東	茨城県，栃木県，群馬県，埼玉県	4
南関東	東京都，千葉県，神奈川県，山梨県	4
北信越	新潟県，長野県，富山県，石川県，福井県	3
東海	静岡県，愛知県，岐阜県，三重県	3
近畿	滋賀県，京都府，大阪府，兵庫県，奈良県，和歌山県	2
中国四国	鳥取県，島根県，岡山県，広島県，山口県，徳島県，香川県，愛媛県，高知県	1
九州沖縄	福岡県，佐賀県，長崎県，熊本県，大分県，宮崎県，鹿児島県，沖縄県	1
全国	全国どの都道府県からでも参加可能	8

および各ブロックのセッション数は表6-2の通りである。表中の「全国」は，全国どのブロックからでも参加可能なセッションである。新型コロナウイルス感染症の感染拡大の影響で，国立大学協会から例年6月に発表される入学者選抜についての実施要領の発表が7月13日となったため，説明会開始時点で本学の入学者選抜要項の2021年度版はまだ作成途中であり，7月中の公表予定となっていた。そこで，全国を対象とした8回のセッションを8月に追加で実施することとし，7月20日より参加申込みを受け付けた。

2．実施後の評価

2.1．申込者数と参加者数

　東海ブロックおよび全国のそれぞれ1つのセッションで申込者が0名となったため，開催されたセッションは39回であった。ブロックごとの申込者数と参加者数を表6-3に示した。各ブロックの定員の上限に占める申込者の割合，および申込者数に占める参加者数の割合を算出し，それぞれ充足率，参加率とした。申込者数の総計は273名，参加者数の総計は194校226名であり，全体での参加率は82.8％であった。

　対面で実施していた令和元年度（2019年度）の参加者数は557名であった

表6-3．ブロックごとの申込者数・数参加者数

ブロック	申込者数	充足率	参加者数	参加率
北海道	10	25.0%	9	90.0%
北東北	38	47.5%	34	89.5%
宮城	30	25.0%	28	93.3%
南東北	22	36.7%	22	100.0%
北関東	33	41.3%	24	72.7%
南関東	43	53.8%	33	76.7%
北信越	15	25.0%	13	86.7%
東海	17	28.3%	15	88.2%
近畿	10	25.0%	8	80.0%
中国四国	16	80.0%	12	75.0%
九州沖縄	2	10.0%	1	50.0%
全国	37	23.1%	27	73.0%

が，このうち232名が仙台会場への参加者であった。仙台会場では，入試セン
ター教員だけでなく，各学部の教員も参加して個別の入試解説を行ってい
ることから，例年全参加者数の約4割を占める。このような仙台会場特有の
事情や，オンライン入試説明会では同一高校からの申込み可能人数を1回の
セッションにつき2名（2回線）までに制限したことを考慮すると，オンラ
インでも概ね例年と同程度の参加者数を確保できたと言ってよいだろう。

　高校教員のオンライン入試説明会への参加者数と志願者数との関係を地域
ごとに比較検討するため，全国対象の追加セッションを除く11ブロックに関
して，令和2年度（2020年度）入試における志願者数と，今回のオンライン
入試説明会への参加者数との散布図を描き，図6-1に示した。スピアマン
の順位相関係数は0.87（$p < .001$），ケンドールの順位相関係数は0.67（$p <
.01$）であり，志願者数の多かったブロックほど，高校教員のオンライン入
試説明会への参加者数も多い傾向が見られた。

2.2.　事後アンケートの結果

　オンライン入試説明会の参加者には，実施時期や曜日・時間設定の適切性，
説明のプレゼンテーションのわかりやすさ等を尋ねた事後アンケートへの回
答を依頼した。質問項目は，従来の入試説明会で実施してきたアンケートと
基本的に同一とし，ウェブ上での回答とした。アンケートへの回答者は152
名であり，参加者数の総計（226名）に対する回収率は67.3%であった。回

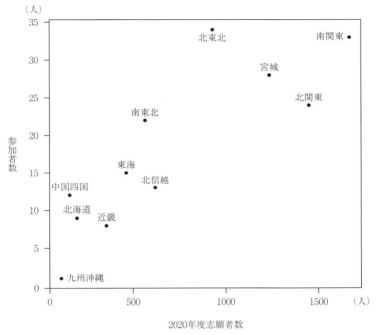

図6-1. 志願者数と参加者数の散布図

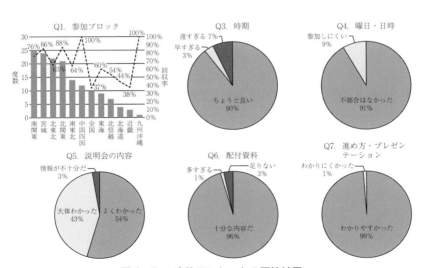

図6-2. 事後アンケートの回答結果

答結果を図6-2に示した。

　Q1は，参加した説明会のブロックを回答してもらう項目であり，グラフには回答者の度数（左軸）と，ブロックごとの回収率（右軸）を示した。近畿ブロックおよび全国を対象に追加したセッションでは回収率が40％を下回っていたものの，表6-3に照らして，ブロックごとの参加者数の多寡と回答者数は概ね同様の傾向を示しており，回答者が特定のブロックに偏ってはいなかった。Q2はセッション番号を回答させる項目であったが，結果は省略する。

　Q3は「説明会の時期についてはいかがでしたか？」という項目であり，「ちょうど良い時期である」という回答が90％であった。「早すぎる」の理由としては，募集要項や入学者選抜要項がまだ発表されていない時点で説明会を開始したことを指摘する意見がほとんどであった。一方，「遅すぎる」を選択した回答者からは，例年の通り6月から7月上旬までを希望する声が多かった。

　Q4は「曜日・日時設定についてはいかがでしたか？」であり，先述のように，A. 13:00-14:00，B. 14:15-15:15，C. 15:30-16:30，D. 16:45-17:45の4つの時間帯を候補としていたが，多くのセッションがCの時間帯で設定されていた。9割以上が「不都合はなかった」と回答していたものの，「参加しにくい時間設定だ」を選択した回答者のほとんどが，平日16時以降のより遅い時間帯や土曜日を希望していた。

　「説明会の内容について伺います。東北大学のAO入試等について，十分な情報が得られましたか？」というQ5への回答は，「よくわかった」と「大体わかった」を合わせて97％であった。「情報が不十分だ」を選択した回答者は，入学者選抜要項の発表前で，不確定な情報が多かったことに不満を抱いていたようだ。

　Q6「配布資料についてはいかがでしたか？」に対して，「多すぎる」を選択した回答者は，具体的に「令和3年度大学入学共通テスト出題教科・科目の出題方法等」や「入学試験成績通知見本」を挙げていた。一方で，「足りない」と回答した参加者からは，当日のみ提示した資料についても欲しかった，という意見や，そもそも事前配布資料のダウンロード方法がわからなかった，という記述が見られた。

Q7「説明の進め方，プレゼンテーション等はいかがでしたか？」では，99％が「わかりやすかった」という回答であった。「わかりにくかった」の理由としては，音声が小さかったという意見があった。

Q8の自由記述項目では，「遠方に出張せずとも，説明会に参加できて，会場への移動時間や時間割変更処理などの労力が大幅に省けました」のように，アクセシビリティや移動時間の削減等，オンラインならではのメリットに言及し，今後の継続を望むコメントが複数見られた。また，操作方法等を画像付きで詳細に解説した資料をあらかじめ掲載していたものの，それに目を通していないと思われる参加者や，PC等の操作に不慣れな参加者も含まれていたようで，ビデオ会議システムZoomや申込みシステムOCANsの操作でつまずいたという記述も散見された。

2.3.　オンライン入試説明会のまとめ

令和2年度（2020年度）当初より開始した東北大学におけるオンラインによる入試広報活動の中でも，オンライン入試説明会は最初に企画され，実施まで完了した。7月という比較的早いタイミングで，参加者の声を通してオンライン導入への反応を確認できたり，高校側の地域によるハード・ソフト両面でのインターネット環境への対応状況の違いを把握できたりしたことにも，大きな意義があった。

事後アンケートの結果より，いずれの項目でも肯定的な回答が9割以上であり，オンラインによる実施について概ね好意的に受け止められていた。従来から，できるだけ多くの高校に参加してもらえるよう，全国に会場を設けて入試説明会を実施してきたが，地域による交通の利便性の差は大きく，特に地方会場では移動にかかるコストが大きい。このような理由から，オンラインの活用には一定のニーズがあることが明らかとなった。

できるだけ早く全国の高校教員に入試に関する情報を届けたいという思いから，入学者選抜要項の完成を待たずして，説明会の実施に踏み切ったが，それにより，7月中のセッションでは提供できる入試情報が限定的となってしまった。アンケートの自由記述では，選抜要項発表前の説明会開始は早すぎたのではという意見も見られた一方で，その事情を汲んだ温かいコメントもあった。

新型コロナウイルス感染症の蔓延という未曾有の非常事態だからこそ，オンライン上ではあるものの，直接情報交換をする場を設け，進路指導担当の高校教員，ひいては受験生に少しでも安心を届けたいという，東北大学の思いは，多くの参加者に伝わっていたようである。

◆◇◆
第3節　オンライン進学説明会・相談会[7]

1．実施概要

　令和2年（2020年）6月1日（月）に「東北大学オンライン進学説明会・相談会」の特設サイトをオープンした。ただし，当該サイトは，主として「説明会」の部分を担うものであり，動画コンテンツを充実させ，オンデマンド型で展開した。一方で，「相談会」の部分はオンラインで参加するリアルタイム型イベントとして，令和3年（2021年）1月9日（土）・10日（日）に実施した。本稿では，特設サイトに関する情報を中心に述べる。

　オンライン進学説明会・相談会のコンテンツは，「東北大学総長からのメッセージ」，「教育・学生支援担当理事挨拶」，「大学説明」，「入試解説」，「海外留学説明」，「ライブイベント」，閲覧者からの質問を受け付ける「質問BOX」，10学部（医学部は医学科と保健学科別）それぞれの「学部紹介」，奨学金・寄宿舎・アルバイト等の「入学後の生活」に関する情報，大学案内・入学者選抜要項等の「入試に関する資料」，閲覧者からの質問に答える「Q & A」，そして「アンケート」であった。

　質問BOXに寄せられた質問に対しては，定期的に作業部会のメンバーで確認と取捨選択を行い，必要に応じて学部等の担当者にも協力を依頼して回答を作成し，順次Q & Aに掲載した。令和3年（2021年）3月31日までの間に，質問BOXには高校生90名，保護者20名，その他1名から計111件の質問が寄せられ，Q & Aには48組の質問と回答を掲載した。

　先述したように，「東北大学ビジョン2030（アップデート版）」における主

7　本節の内容は，久保・南・樫田・宮本（2021b）に新たなデータを加え，倉元他（2020）の関連する内容を合わせて加筆修正し，再構成したものである。詳細については当該論文を参照されたい。

表6-4．PV数上位10ページのアクセス指数

順位	ページ	PV数	訪問者数
1	トップページ	74,584	48,088
2	大学説明＆入試解説	10,063	8,184
3	トップページ（メニューより選択）	7,713	5,310
4	学部紹介：工学部	7,557	6,486
5	よくある質問Q＆A	4,621	4,184
6	東北大学総長からのメッセージ	4,450	3,926
7	学部紹介：理学部	4,430	3,765
8	学部紹介：医学部医学科	3,895	3,241
9	学部紹介：文学部	3,740	3,047
10	大学説明＆入試解説（ページ内リンクより選択）	3,704	3,252

要施策として「海外ネットワークを利用した戦略的なアドミッションを通して卓越した留学生を獲得」が挙げられ，東北大学では中期的目標として，海外に向けた入試広報活動の展開が強く求められている。そこで，進学説明会・相談会のオンライン化を機に，入試広報活動の国際展開を視野に入れ，一部のコンテンツの中国語・韓国語版作成を試みた。最初に中国語と韓国語を選択した理由は，本学の留学生の半数以上が中国，次いでインドネシアや韓国からの留学生が上位を占めていることから，それらの国々の志願者に向けた広報活動を実現するためである。具体的には，東北大学総長からのメッセージ，教育・学生支援担当理事挨拶，学部紹介（学部長挨拶含む）の動画に関して，中国語と韓国語の字幕版を作成した。また，大学説明の動画に関しては，中国語と韓国語の吹替え版を作成した。

2．実施後の評価

2.1．アクセス数

令和2年（2020年）6月2日〜令和3年（2021年）3月31日までの延べページビュー（PV）数は153,162，延べ訪問者数は52,077であった。PV数上位の10ページについて，それぞれのページ別PV数および訪問者数を表6-4に示した。大学説明

表6-5．訪問者数が10以上の国・地域

順位	国・地域	訪問者数
1	アメリカ	149
2	中国	118
3	台湾	23
4	香港	17
5	シンガポール	17
6	韓国	14
7	ドイツ	12

＆入試解説，総長メッセージや Q ＆ A，学部紹介ページでは工学部，理学部，医学部医学科，文学部のページがよく閲覧されていた。また，訪問者数が上位であった国・地域は表6-5の通りであった。

2.2．アンケートの結果

　Google フォームを利用したアンケートを作成し，特設サイトの一番下に配置していた。回答は任意であったが，令和3年（2021年）3月31日までの間に，36名（男性13名，女性22名，無回答1名）から回答を得た。以下では，主要な項目に対する回答結果を示す。

　回答者（保護者の場合にはその子ども）の在籍・出身高校の設置者と学年のクロス集計を表6-6に示した。私立と公立では公立高校の方が多く，受験を控えた3年生，あるいはその保護者からの回答が最も多かった。

　「東北大学志望の場合，現時点での志望学部を教えてください」（複数選択可）という項目への回答結果を図6-3に示した。回答者には，文系学部に

表6-6．回答者の在籍・出身高校の設置者と学年

	1年生	2年生	3年生	既卒	無回答	計
公立	4	7	10	1	1	23
私立	4	4	5	0	0	13
計	8	11	15	1	1	36

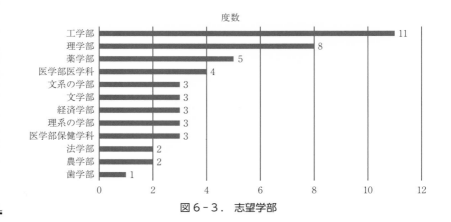

図6-3．志望学部

比較して理系学部の志望者が多かった。

「本サイトのことを何で知りましたか？」（複数選択可）という項目への回答は，「東北大学のウェブサイト」が32，「在籍している学校または予備校の先生から紹介された」が4，「家族・親戚から紹介された」が1であった。「その他」を選択した者も1名いて，「進学説明会を探していたとき」という回答であった。

「本サイトを何で視聴しましたか？」という項目への回答は，「スマートフォン」が21，「PC」が13，「タブレット」が9であった。また，「本サイトをどこで視聴しましたか？」という項目に対しては，「自宅」という回答が35と最も多かった。

「本サイトのコンテンツの中で，特に参考になったものを3つまで選択してください」とう項目では，入試解説，総長メッセージ，大学説明等の選択数が多く，学部紹介ページでは，表6-4に示したPV数が上位であった学部と同様の学部が含まれていた。

「本サイト全体について当てはまるものを1つ選択してください」という項目に対する回答結果は，図6-4の通りであった。（1）～（4）のいずれにおいても「全くそう思わない」という回答はなかったが，（4）「友人・知人にすすめたいと思った」では3名の回答者が「そう思わない」を選択していた。（2）「サイトの構成が見やすかった」，（3）「本サイトを見て良かった」の結果より，多くの回答者から，サイトの構成は見やすく，見て良かっ

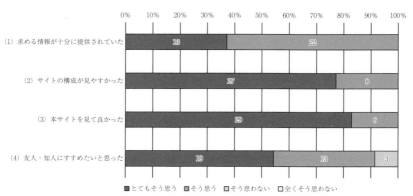

図6-4．サイト全体についての評価

たと思ってもらえていたようである。

自由記述項目でも，「サイトのデザインが洗練されていて，サイト内に動作があり，とても見やすかったです」，「自分が見たいコンテンツをすぐに見つけられる，わかりやすいサイト構成でした」，「資料だけでは理解しにくいような情報を動画で解説されていて，サイトを見て良かったと感じました」のように，動画コンテンツを多く用いたことに対する好意的なコメントが複数見られた。

2.3. オンライン進学説明会・相談会のまとめ

オンデマンド型のコンテンツから構成される本サイトにおいて，閲覧者に直接アプローチして回答を促す機会のない状況で，任意での回答としたアンケートでは，PV 数や訪問者数に比して回答者数があまりに少なかった。しかしながら，36名から得られた回答は，一部の意欲的な閲覧者による貴重な意見であると受け取ることもできる。オンライン進学説明会・相談会では，スマートフォンを利用しての視聴・閲覧者が多い点が特徴的であった。高校生・受験生を対象としたオンラインでの広報活動では，スマートフォンによる視認性，操作性や，データ通信量への配慮も重要となる。

PV 数，訪問者数といったアクセスデータおよびアンケートへの回答結果より，約10か月間で一日平均172の訪問者を維持し，サイト閲覧者の満足度は概ね高かったことがうかがえる。一方で，「教員の方々や学生と直接コミュニケーションを取れる機会が欲しい」，「オンライン相談と言いながら，質問の回答を得られる方法が非常に乏しい」といった意見が散見され，双方向のやり取りによる相談会としての機能が強く望まれていることが明らかとなった。

この要望に応えるべく，令和 3 年（2021年） 1 月 9 日（土）・10 日（日）に実施したオンライン進学相談会では，参加者が 6 名であった。なお，東北大学における実施経験，さらには他大学の事例を踏まえても，オンラインによる個別相談会への参加者は，対面の場合に比較して顕著に少ない傾向があるようである。オンラインによる個別相談会に関する一考察は，久保・宮本（2021）を参照されたい。

また，令和 2 年度（2020年度）は，一部のコンテンツについて試作的に中

国語版と韓国語版を作成したが，今回の吹替・翻訳版は，日本国内の受験生向けの内容をそのまま翻訳したものであり，海外から留学を目指す受験生が求める情報を提供できているとは言い難い。今後は，それぞれの国や地域のニーズに合わせて，海外の受験生が必要とする情報を発信していく必要があるだろう。

◆◇◇
第4節　オンラインオープンキャンパス[8]

1．実施概要

　東北大学のオープンキャンパスへの参加者数は，平成30年度（2018年度）には68,228人で全国1位となった（朝日新聞出版，2020，p.369）。従来のオープンキャンパスでは，各部局の自由裁量で独自の内容が企画・実施され，入試センターはそれらを一覧できるパンフレットを作成してきた。オンラインオープンキャンパスにおいても，各学部の裁量を尊重することを第一に考え，入試センターがポータルサイトを立ち上げ，各部局のウェブサイトにリンクを貼り，誘導する方法をとった。その際，各学部には，①独自のウェブサイトを立ち上げる方式と，②入試センターが外部委託した共通デザインのウェブサイトにコンテンツを提供して掲載する方式，のいずれかを選択できるようにした。独自のウェブサイトを立ち上げたのは，理学部，工学部，薬学部，農学部の4学部であった。オンラインオープンキャンパスには，川内キャンパスから14部局，青葉山キャンパスから11部局，星陵キャンパスから4部局，片平キャンパスから6部局，総計35部局が参加した。

　ウェブサイトの本格オープンは7月29日（水）であった。サイトは年度末までオープンすることとし，各部局には適宜掲載コンテンツの追加と更新を行うよう依頼した。また，当年度のオープンキャンパス実施予定日であった9月21日・22日には，「東北大学オンラインオープンキャンパス特別イベント」と称して，オンライン参加のリアルタイム型イベントであるライブイベントが多数実施された。

---

[8]　本節の内容は，倉元他（2020）および東北大学入試センター（2021）の関連する内容を抜粋し，加筆修正を加えて再構成したものである。

表6-7. 訪問者数が上位の国・地域

順位	国・地域	訪問者数
1	アメリカ	410
2	中国	211
3	台湾	46
4	シンガポール	29
5	韓国	28
6	香港	21
7	イギリス	20
8	オーストラリア	16
9	タイ	14
10	ベトナム	12

2. 実施後の評価

2.1. アクセス数

　令和2年（2020年）7月29日〜令和3年（2021年）3月31日までの延べPV数は271,613，延べ訪問者数は76,278であった。9月21日・22日には，各日8,700を超えるPV数が得られた。表6-7には，訪問者数が上位であった国・地域を示した。

2.2. 新入学者アンケートの結果

　東北大学入試開発室では，毎年新入学者を対象とした「新入学者アンケート」を実施している。内容は，主として入試区分に関する項目と入試広報に関する項目から成っており，オープンキャンパスや進学説明会・相談会への参加経験の有無，およびそれらへの参加が志望決定にとってどの程度意味があったか，等の質問項目が含まれる。令和2年度（2020年度）までは質問紙のみによる調査であったが，令和3年度（2021年度）入学者を対象とした新入学者アンケートは，質問紙とウェブを併用して回答を受け付け，回収率は98.7％であった。

　令和3年度（2021年度）入学者（回答者）のうち，オンラインオープンキャンパスを閲覧した者の割合は31.2％であった。図6-5には，平成30年度（2018年度）以降の新入学者について，前年度のオープンキャンパスに参加，あるいは閲覧した者の割合を地域別に示した。なお，令和元年度（2019年度）入学生で，初めて東北からの入学者数を関東からの入学者数が上回った（東北34.5％，関東37.7％）ものの，その後，両者の差は2〜5％程度に落ち着いており，平成30年度（2018年度）以降，入学者の出身地域の分布に大きな変動はない。

　図6-5に示した令和3年度（2021年度）入学者の回答結果より，オンラインとなっても，元来より入学者数の多い東北や関東では劇的な変化は見られなかったが，より遠方の近畿，四国，九州，さらには海外からの入学者では，従来の対面でのオープンキャンパスへの参加に比較して，オンライン

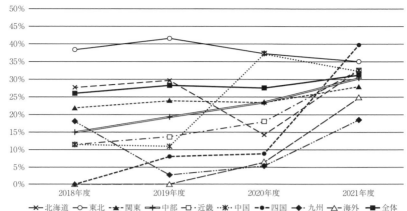

図6−5．オープンキャンパスに参加（閲覧）した新入学者の割合に関する地域別
　　　　比較

表6−8．オープンキャンパスへの参加・閲覧が志望決定に与えた影響（参加者比）

入学年度	決め手となった	参考になった	あまり関係 なかった	全く無関係
2018	35.5%	53.4%	9.4%	1.8%
2019	33.8%	54.6%	8.6%	3.0%
2020	39.2%	51.1%	7.4%	2.3%
2021	**9.6%**	**72.0%**	**14.1%**	**4.2%**

オープンキャンパスを閲覧した者の割合が増加している。すなわち，地理的
な条件により，対面でのオープンキャンパスへの参加が難しい地域の志願者
に対しては，オンラインでの実施がより有効であったと考えらえる。
　入学した年の前年度における本学オープンキャンパスへの参加・閲覧が，
入学した学部（学科）への志望決定にどの程度意味があったかを尋ねた項目
への回答を表6−8にまとめた。近年，オープンキャンパス参加者のうち約
9割が「決め手となった」あるいは「参考になった」と回答していたが，オ
ンラインになっても約82%が同様の回答をしていた。しかしながら，「決め
手となった」の割合は対面での実施に比較して大きく減少していた。

2.3. オンラインオープンキャンパスのまとめ

　オンラインオープンキャンパスの一日当たりの平均的な PV 数は1,104，訪問者数は310であり，オンライン進学説明会・相談会に約1か月遅れてのサイトオープンとなったにもかかわらず，それ以上に多くの方々に閲覧していただいた。新入学者アンケートの結果から，オンラインでの実施によって，これまで東北大学に足を運んでもらうことが難しかった遠隔地域の受験生・高校生に対しても，広く志望決定の参考となるような情報を提供できたと言える。同時に，進路選択の決定打としては，キャンパスに来訪しての直接的な体験が不可欠である可能性が示された。

　オンラインであっても，進路選択や志望決定に資するオープンキャンパスとするための1つの方策として，学生主体のコンテンツの充実が挙げられる。令和2年度（2020年度）のオンラインオープンキャンパスでは，従来のオープンキャンパスに比べて，学生が主体となって企画・出演するコンテンツが少なかった。高校生・受験生にとって，学生は自らの進む道の少し先をゆくモデルであり，学生が大学でどのように過ごしているのかがリアルに伝わるコンテンツは，進路決定において重要な役割を果たすことが期待される。

◆◇◆

第5節　これからの入試広報活動のあり方

1. 令和3年度（2021年度）の東北大学における入試広報活動

　本書籍が刊行される頃には，令和4年度（2022年度）入試の実施を終えていることであろう。本稿では，第34回東北大学高等教育フォーラムにおける基調講演2の内容を中心に，令和3年度（2021年度）入試に向けた入試広報活動について紹介したが，最後に，令和4年度（2022年度）入試に向けて令和3年度（2021年度）中に実施された入試広報活動のあらましを簡単に述べる。

　高校教員を対象とした入試説明会は令和3年度（2021年度）も引き続きオンラインにより実施した。昨年度との比較を通した振り返りが久保・宮本（2022）にまとめられている。

　高校生・受験生とその保護者を対象とした進学説明会・相談会もまた，オ

ンラインにより実施した。令和2年度（2020年度）は独立サイトとしていたオンライン進学説明会・相談会のサイトを，令和3年度（2021年度）はオンラインオープンキャンパスに統合した。相談会は7月と10月に2日間ずつ実施した。相談会の実施報告については，久保・宮本（2021）を参照されたい。

　オープンキャンパスは，当初，オンラインと対面のハイブリッド実施が計画され，一度は参加申込みまで行われたものの，新型コロナウイルス感染症の 狷獗 に阻まれ，延期の末に中止を余儀なくされた。この経緯については終章で詳述されている。

2．おわりに

　新型コロナウイルス感染症の感染拡大という緊急事態を契機に，突如として東北大学の入試広報活動におけるオンラインの活用が促進されることとなり，上述のように，令和3年度（2021年度）もオンラインによる活動は継続された。これは，感染症の感染拡大防止という大義名分はもちろんのこと，令和2年度（2020年度）の活動を通して，オンラインによる入試広報活動のノウハウが蓄積されたこと，そして何より，そのメリットが明確になったことによる必然の決断であった。

　令和2年度（2020年度）の1年間で，オンラインの積極的活用は，大学における入試広報活動のみならず，社会全体に浸透することとなった。高校生・受験生および高校教員もまた，入試広報を含む種々の高大接続活動におけるオンラインの活用を受け入れているようだ。令和2年度（2020年度）のオンラインによる入試広報活動では，東北大学オンライン入試説明会に参加した高校教員から，初めてZoomによる説明会に参加したという声が聞かれるなど，オンラインに対する抵抗感や不慣れな様子が見受けられた。しかし，2年目となった令和3年度（2021年度）には，参加者がオンラインの利用に慣れ，抵抗感が格段に薄れていることを実施者の視点からも実感している。

　本稿に記した令和2年度（2020年度）の活動を通して，入試広報活動にオンラインを活用することで，参加者である受験生・高校生および高校教員と，実施者である大学の双方にメリットがあることが見出された。参加者側の主なメリットは，移動に伴うコストの削減であろう。これには，費用や時間といった実質的なコストのみならず，参加のために予定を調整するといった周

辺的なコストも含まれる。実施者側の最大のメリットは，これまで対面での対応が難しかった国内外の遠隔地域へのアプローチが容易となったことである。オンラインの活用が，入試広報活動の広域化に貢献していることは明白である。いずれも，時間と空間に制限されないという，オンラインの利点に起因するものである。

　大学における入試広報活動は，従来の対面を中心とした方法に加え，オンラインという新たな選択肢を手に入れた。入試広報活動におけるオンラインの活用は，対面とは異なるベクトルの，かつ相補的なメリットを持つ。例えば，オープンキャンパスで大学に直接足を運んで体験することが，進路決定において重大な意義を持つことが示された一方で，説明会形式で情報を伝えるという目的はオンラインでも十分に果たし得ることが確認できた。

　新型コロナウイルス感染症の収束後も，全国の大学において，対面での活動とともに，オンラインによる入試広報活動は継続するものと考えられる。今後，東北大学では，日本国内のみならず海外からの留学生獲得も視野に入れたさらなる広域化を目指し，オンラインと対面それぞれのメリットを活かしたベストミックスによる入試広報活動の設計と展開が期待される。この2年間における取り組みを通して，東北大学における新たな入試広報活動の基盤が確立されたと言えよう。

文　献

朝日新聞出版（2005）．大学ランキング2006年版　朝日新聞出版
朝日新聞出版（2020）．大学ランキング2021年版　朝日新聞出版
朝日新聞出版（2021）．大学ランキング2022年版　朝日新聞出版
平尾 智隆・大竹 奈津子・久保 研二・山内 一祥（2011）．ある国立大学における入試広報の効果測定——志望順位を決定する要因——　大学評価・学位研究, *12*, 19-28.
久保 沙織・宮本 友弘（2021）．オンラインによる個別入試相談会の実践と課題　教育情報学研究, *20*, 75-84.
久保 沙織・宮本 友弘（2022）．オンラインによる高校教員向け入試説明会の実施と評価（2）——前年度との比較を通して——　東北大学高度教養教育・学生支援機構紀要, *8*, 169-176.
久保 沙織・南 紅玉・樫田 豪利・宮本 友弘（2021a）．オンラインによる高校教員向け入試説明会の実践と評価　大学入試研究ジャーナル, *31*, 394-400.
久保 沙織・南 紅玉・樫田 豪利・宮本 友弘（2021b）．オンラインによる入試広報の

展開――「オンライン進学説明会・相談会」の実践を通して――　東北大学高度教養教育・学生支援機構紀要, *7*, 57-65.

倉元 直樹・宮本 友弘・久保 沙織・南 紅玉（2020）．東北大学における入試広報活動の「これまで」と「これから」――頂点への軌跡からオンライン展開への挑戦へ――　教育情報学, *19*, 55-69.

文部科学省初等中等教育局教育課程課（2021）．学習指導要領の趣旨の実現に向けた個別最適な学びと協働的な学びの一体的な充実に関する参考資料　文部科学省　Retrieved from https://www.mext.go.jp/content/210330-mxt_kyoiku01-000013731_09.pdf（2022年1月5日）

寺下 榮・村松 毅（2009）．東海・北陸地区－国立大学入試広報の取組②――エリア別志願者の受験行動に関する調査――　大学入試研究ジャーナル, *19*, 145-150.

東北大学（2020）．東北大学ビジョン2030（アップデート版）　東北大学　Retrieved from https://www.tohoku.ac.jp/japanese/newimg/newsimg/news20200729_00.pdf（2022年1月5日）

東北大学入試センター（2021）．東北大学入試センター令和2年度年報　東北大学入試センター

第 7 章

臨時休校・分散登校の下での「学習の遅れ」の回復
——令和 2 年春から夏へのある公立高校での取り組みの記録——[1]

近藤　明夫

第 1 節　はじめに

　新型コロナウィルス感染症の影響が続き，社会のさまざまな場面に多くの影響を与える中で，教育に対する影響も関心が高い分野である。令和 3 年（2021年）8 月末に文部科学省が発表した「全国学力・学習状況調査（全国学力テスト）」の結果では，休校による影響は「全体ではなかった」とされた。休校期間の長かった東京都の小・中学校だが，多くの教科で成績が上位だった。これを以て「休校があっても影響は少なかった」という見方が世間に広まるとすると，現場の教員としては違和感を持つ。さらに，「オンライン」の充実があたかも日常の学校生活に取って代わることができるように議論されることにも懸念を抱く。

　今回の全国学力テストは，小・中学校を対象にしたものであるが，そこには小・中学校の現場の先生方の奮闘があったことは容易に推察できる。またその取り組みに呼応して頑張った多くの児童・生徒や，それを支援した保護者の方がいたからこその結果であろう。休校による影響を結論付けるようなデータを筆者は持っていない。そこで特に ICT の体制も整っていない東京の公立高校で日々何が起きていたのかを記録することで今後の検証を待ちたいと思う。本稿は初めての臨時休校・分散登校にどのように対応していたのかということを記録し，それによって生じる「学習の遅れ」についてどのように教員が考え，回復を図ろうとしたのかという現場の記録である。

1　本稿は，第34回東北大学高等教育フォーラム「検証　コロナ禍の下での大学入試」（令和 3 年（2021年）5 月17日において，現状報告 1 「臨時休校・分散登校下での『学習の遅れ』の回復」として発表した内容を加筆修正したものである。

◆◇◆

第2節　本校の紹介

　東京都立戸山高等学校は，今回のコロナ禍で感染者数が全国でも最多の東京都にある。感染拡大の初期の頃，"夜の街の感染拡大"で何かと注目を浴びた歌舞伎町や専門機関として報道に登場することの多い国立感染症研究所も至近である。創立は明治21年（1888年）で，130年という長い歴史を持つ。平成13年（2001年）9月より進学指導重点校（現在7校が指定されている）に指定されている。またスーパーサイエンススクール（SSH）の指定を受ける一方，東京都の施策としての医学部進学支援（チームメディカル）の指定も受けている。各学年8クラス（320名），生徒の多くは電車通学で，23区全域と多摩地域の一部からも登校している。部活動の参加率は100％を超え（兼部している生徒も）行事なども盛んな学校である。卒業生はほぼ100％大学進学を希望する。校内のWi-Fi環境の整備は進みつつあるものの令和2年度（2020年度）が始まる時点では，十分なものとはいえなかった。生徒用のタブレットについては，GIGAスクールへの準備として1人1台へ歩みを始めたばかりで3つの学年が異なる状況に置かれていた。教員は他の都立高校に比べややベテランが多く進学などの教科指導には自信があるが，ICTの活用などには壁を感じている人が多かった。教室への電子黒板やプロジェクターの配備は行われていたが，その使用頻度はそれほど高くなかった。

　数年前から高大接続改革の中でのポートフォリオの形成について注目される中，Classiの導入が決まり，令和2年度（2020年度）から全ての学年の生徒が加入する形になった。しかし，あくまでも大学受験の際に必要な行動の記録を残し，JAPAN e-Portfolio（文部科学省は「大学入学者選抜における多面的な評価の在り方に関する協力者会議」における審査を踏まえて，令和2年（2020年）8月7日付けで一般社団法人教育情報管理機構への許可を取り消した）への連携が主たる目的で，その他の機能の利用はほとんど行われていなかった。

第3節　臨時休校期間：令和2年（2020年）3月2日
～5月26日の対応

1．全国一斉臨時休校期間：令和2年（2020年）3月3日～4月上旬

　令和2年（2020年）2月27日，総理大臣官邸で開かれた第15回新型コロナウイルス感染症対策本部で，「子どもたちの健康・安全を第一に考え，多くの子どもたちや教職員が日常的に長時間集まることによる感染リスクにあらかじめ備える観点から，全国全ての小学校，中学校，高等学校，特別支援学校について，来週3月2日から春休みまで臨時休業を行うよう要請」することが決定された。

　前代未聞の事態に，全国の小学校，中学校，高等学校，特別支援学校の現場では大きな戸惑いが広がったことだと思う。当時の戸惑いは，本校の対応を見ても分かる。都からの感染拡大を防止する指示が出ていた時期だったので，2月27日全生徒に対し，校長名の文書が出されたばかりだった。それは，以下のような内容だった。

【年度末までの行事予定】

2月27日（木），28日（金）　短縮40分授業

2月29日（土）　土曜授業　50分授業

3月2日（月）～3月5日（木）　学年末考査

＊2月27日～3月5日は，16：00完全下校

公共交通機関利用の混雑時を避けるため，下校時刻を繰り上げ

3月6日（金）　卒業式（1・2年生は自宅学習）

3月10日（火）　答案返却（1年生：11時～，2年生：13時～）

3月24日（火）　2年生のみ8：30登校：教室移動，教科書販売（1年生は自宅学習）

3月25日（水）　修了式，大掃除，教科書販売（1年生）

　ところがその日の夜，安倍首相の要請が報道された。急遽翌28日に対応が協議され，以下のような文書を29日付けで出すことになった。

【学校の臨時休業の実施】

３月２日から春季休業まで臨時休業を実施する。

人の集まる場所等への外出を避け，基本的に自宅で過ごしてください。

【休業中における教育活動】

（１）　学年末考査は実施しません。

学年末評定については，原則として，１・２学期の評定及び３学期の平素の学習状況等を総合的に評価して決定します。

（２）　卒業式

先日お知らせしたように，１・２年生は自宅学習です。

（３）　修了式

３月25日（水）８：30から実施します。教室で待機してください。大掃除，LHRも行います。

１・２年生とも教科書販売を行います。

　それでも，本校は年間20日の土曜授業を実施しており，２月29日はちょうど登校日であったので，生徒に休校の連絡と共に課題などを出すこともできた。この29日が登校日でない学校に比べれば，その点は恵まれていた。とは言え，３月２日は学年末考査の開始日の予定だったが，休校により考査を実施しないことになった。言うまでもなく，１年間の学習の到達度を見るためには本来欠かすことのできないはずの学年末考査の中止である。

　この段階では油断もあった。「春休みまで」という政府の方針であったので，翌年度は通常の学校生活が戻ってくると多くの教職員，生徒は考えていた。当然，授業は学年末考査後の期間にも予定されており，授業以外のさまざまな教育活動の予定もあった。しかし，この時点では失われる時間によって生じる「学習の遅れ」については，やや軽く捉えられていた。英語・数学・国語を中心に，年間の振り返りを促す程度の課題が伝えられた。

　その後，25日の修了式の日にも追加の課題が発せられた。１年生については，ここでも英語・数学・国語の３教科が中心であった。カリキュラム上，理科や社会は，科目が変わるため課題を出しづらいということもあった。例えば，社会では１年生で地理と倫理，２年生では日本史と世界史という課程であり，筆者が担当する日本史でも，一度も授業をしていない（生徒からは

自分のクラスの教科担当が誰かも分からない）状況で，課題を出すことに躊躇もあった。

　2年生については，次年度に備え，英語・数学・国語に加えて，理科・社会からも次年度の担当者から課題や学習の指示が伝えられた。これらも「学習の遅れ」を回復するというよりも，ここまでの学習の基礎固めや翌年度に向けた予習を行うように指示する内容であった。

　一方，卒業式についても従来の方法での実施ができない状況への対応が協議された。結局，在校生のみならず，保護者の出席もなく，来賓の列席も取りやめ，予定されていた歌も歌わない。生徒の座席の間隔を広く取り，式の時間も短縮する形で3月6日に実施された。巣立っていく卒業生にとっても，やや寂しいものになってしまい，晴れの姿を見たかった保護者にも残念な思いをさせることとなった。式場を退出する卒業生を教職員が並んで，精いっぱいの拍手で送ることしかできなかった。

　もう1つ忘れてはならないのが，部活動の中止であった。本校では，2月の都立高校入試から学年末考査の1週間前と部活動の停止期間であったが，臨時休校となり，そのまま長期間活動ができなくなってしまった。生徒たちは，貴重な成長の場であり，楽しみの場でもある活動ができなくなったのである。筆者が顧問を務める男子バレーボール部も，新人大会を終えた都のランキングでは22位であったため，新年度すぐに始まる関東大会予選では何とかベスト16に入り，関東大会出場を目指そうと生徒の意欲も高まる中，春休み中も活動できないということに，生徒は少なからずショックを受けていた。この時点では，まさか関東大会の予選もインターハイの予選も中止され，このまま1回も活動できないまま引退の日を迎えるとは誰も予想していなかった。

　この令和元年度（2019年度）中には，Classi の活用はあまり進まなかった。一部の教員が連絡に使う場面はあったが，生徒もこれを見る習慣がなかったり，一部はログインの方法を忘れていたりという状況であった。筆者も活動ができなくなった男子バレーボール部生徒に，時々メッセージの発信や，生活に関するアンケート（不安はないか？　体は動かしているか？　勉強もしているか？　等）を発出したりしたが，21名の部員中3名が未回答という具合だった。

２．臨時休校延長期間：令和２年（2020年）４月７日〜５月６日

　新年度を迎える頃になっても，感染者数の減少が見られず，４月１日の東京都の感染者数は67人，４月４日には初めて100人を超えた。このような中，３月13日に成立した新型コロナウイルス感染症対策の特別措置法に基づき，政府は４月７日からの７都府県への緊急事態宣言を決定した。

　臨時の休校は，学校の教育活動に大きな影響を与えるのはどの時期でも同様ではあるが，年度末と年度初めでは，教職員の緊迫感は大きく異なった。ここに至って，「学習の遅れ」という課題が差し迫ったものとなってきた。「オンライン授業」ということも，どこか“未来”の学校の姿としてイメージしていたものが現実のものとして迫ってきたのである。

　本校は前述した通り，ICT の環境が十分に整っているわけでもなく，多くの教員はオンラインでの授業の経験がなかった。そこで４月３日，いち早くオンラインの活用をされていた郁文館高等学校の高橋雄仁先生に本校に来校いただき，Zoom を使ったホームルームについて教えていただいた。実際に，本校の会議室から郁文館の生徒さんを繋いで見せていただき，留意事項などについても丁寧にお話しくださった。これが本校の第一歩とも言えるものであった。ただ，残念ながらこの場に参加したのは，校長・副校長と一部の学年主任などで，多くの教職員の参加を得ることはできなかった。

　この段階では，教職員の声として「いきなりオンラインと言われても」，「オンラインなんかやっても効果はないのでは？」，「セキュリティの問題があるらしいと聞いた」等，さまざまな後ろ向きの意見が多かった。実際，職員が東京都から貸与されている校務パソコンは，新しい機種でもカメラがわざわざ取り外されていたし，Zoom などをインストールしたり，外付けのヘッドセットなどを装着したりすることも制限されていた。

　緊急事態宣言の延長に伴い，ゴールデンウィークまで臨時休校は延長された。東京都からの指示に基づき，４月６日の始業式に，新２・３年生の登校時間をずらし，校内滞在２時間以内で登校させることとした。本校では１年生から２年生はクラス替えも行われるので，新しいクラスと担任もここで示すこととなった。

　各教科も教科会などを開き，５月６日のゴールデンウィークが終わるまでの期間，どのように学習を進めるのかという話し合いが行われ，始業式の日

に伝えることになった。この段階では，基本は紙ベースの指示で自学自習を指示する教科がほとんどであった。

　筆者が担当する日本史は，2年生が必修で3単位，3年生が選択で4単位の授業と2単位の授業というカリキュラムであった。担当するのは専任2名と時間講師が1名だった。そこで，2年生の自宅学習期間の指導は筆者が担当し，3年生の指導はもう1名の専任の教員が担当することとなった。日本史は2年生から始める科目なので，そのあたりにも留意して以下のような指示を出した（図7‐1）。

　今見ても恥ずかしい限りだが，生徒は会ったこともない教科の担当者から課題を出されるので，筆者は初めて学ぶ「日本史」を嫌いにならないでほしいという思いが強かった。休校の不安もある中，少しでも楽しい雰囲気を伝えたいと考えての指示であった。教科学習の導入を紙上で再現し，内容的にはゴールデンウィーク後の授業再開の準備である。この時点で，失われる2年生日本史の授業は7時間ほど。通常であれば，鉄砲伝来から秀吉の政策あたりまでを終える。日本史の担当者間での打ち合わせでは，再開後の授業をややスピードアップすれば，12月までには例年の進度に追いつけるのではないかと考え，休校期間中に進度を確保するというよりも，予習にとどめる指示を出すことにした。また2年生は，本校のカリキュラム上科目数が多く，まずは英語・数学・国語に力を入れさせたいという学年の意向も受け，過度の負担にならないようにしたという点もあった。

　生徒との連絡手段として，Classi は有効なツールであった。前年度から入力を促す場面の多かった2年生では，担任が積極的に活用を図ろうとしていた。それでも全員から「見ました」という反応を得ることは難しかった。これが発信する教員の新たなストレスを生むことになってしまった。あとで生徒たちに聞くと，「読んでも，『見た』のクリックをしなかった」，「プッシュ通知などがあったものだけ見ていた」など，相互の使い方に関する習熟が不足していたことが分かった。前年度，あまり利用する機会がなかった3年生はさらに課題があり，なかなか生徒への連絡手段として定着しなかった。

　もう1つこの時期の大きな課題が新入生への対応であった。当初，4月7日に入学式が予定されていたが，この日から臨時休校となり入学式も中止となった。そのため一度も登校せず，自分のクラスも，担任の名前すら知らな

いままの休校となってしまった。担任から見ても，顔を見たこともない自分のクラスの生徒へ課題などの指示を伝えなければならなかった。高校生活のスタートに関わる多くの書類や生徒手帳，各教科から集められた課題のプリ

2年生の皆さんこんにちは！
2年生になると，高校の授業の中でも，最も面白い（と，私たちは勝手に思っていますが…。（笑））日本史が始まります。
まず，教科書・図説の資料集，文書の史料集，10分間テストの「4点セット」がお手元にあるか確認してください。本当は，最初の授業で，一緒に確認したかったのですが。
＊ここから課題が始まります。新しいノートを1冊用意して，一緒にやっていきましょう。
（イメージは紙上での，「バーチャル授業」です。）
初めまして，このクラスの日本史を担当する○○です。（自分のクラスの担当は時間割で確認してね。）
教科書を開いてください。（パサパサッ，教室のみんなが開いている音。誰かが，「あっ，ロッカーに」なんていう声も聞こえる。）
最初に「国宝をみる」（写真のページ）を見てください。いくつ知っていますか？　実際見たことは？
知っている＿＿/25　実物を見たことがある＿＿/25　（＿＿に数字を入れる。）
（中略）
では，○○くん　君の推しメンは？　⑳番の「西本願寺飛雲閣」　なるほど。どうして？
えっ，『池に住む微生物に興味があるから』　あっそっかぁ。（-_-;）
ちなみに，私のイチオシは，⑩番『伴大納言絵巻』平安時代の実在の事件を題材に，映画化された作品。（絵巻物は，ビジュアル化＝つまり現代なら映画化）。見どころは，わき役のエキストラの人々の表情なども秀逸です。
次に，教科書の1ページを見てください。「日本史を学ぶにあたって」を読みましょう。では，○○さん，声に出して読んでください。
（中略）
・第Ⅰ部と第Ⅱ部は，3年生の日本史B（選択　4単位）で学ぶ。
・第Ⅳ部の第10章から第13章は，3年生の日本史A（選択　2単位）で学ぶ。
・第Ⅲ部と第Ⅳ部の第9章を今年は学んでいきます。
つまり，この授業は，「近世から近代の初めまで」を学んでいきます。
日本史は3単位ですよね。ということは，臨時休校中も，週に最低3時間は学習時間をとってください。
次の部分からはまとまった時間を確保しつつ，途中で切りながら，進めてください。
教科書p.155を開いてください。
そして，ノートの新しいページに，大きく「第Ⅲ部　近世」と書いてください。
次に，p.155の下部にある年表を書写してください。
日本史における近世とは，安土桃山時代と江戸時代のことなんですね。
西暦でいうと，16世紀から19世紀までの300年ほどの期間です。
もう一度p.155をよく読んで，この時期の世界の様子をノートにまとめます。
（中略）
では，教科書をめくって。p.156，ノートには「第6章　幕藩体制の確立」と書いて。
いよいよ本格的に内容に入っていきます。
＊今の予定では，5月に授業が再開したら，ここからやります。
さぁ，5月の授業の再開に備えて，全員が次のことをやっておいてください。
どうしても，時間が不足します。しかし，冒頭でも見たように，来年のことを考えると，今年は第9章まで終わらせなければなりません。緊急事態になれば，放課後の補講など行いますが，皆さんの部活動の時間を侵食したくはありません。できるだけ，スムーズに授業をすすめられるように，以下のことをしっかりやっておいてください。皆さんの協力をお願いします。
（以下略）

図7-1．日本史（2年生用）休校中の課題

ントは郵送することとした。320名分のセットを教員が手分けしてレター
パックライトに詰める作業をした光景は今でも印象深い。これらを台車に載
せ，本校の向かいにある郵便局に発送手続きに向かう担任団を見送った。だ
が，やがて半数以上のレターパックを積んで担任団が戻って来てしまった。
慣れない作業もあり，厚みがオーバーして不可となってしまったものを詰め
直し，再度発送することになってしまった。あのときの担任団の疲れた顔は
忘れられない。

　実際に臨時休校期間が始まると，生徒の様子が気になり，「課題を出しっ
ぱなし」ではいけないという空気が職員の中に生まれてきた。担任からの情
報や顧問を務める男子バレーボール部の部員との Classi でのやり取りからも，
具体的な指示を求める声があった。そこで，2 年生の日本史に関しては，以
下のような計画に変更した。

・NHK の高校講座の視聴を毎週 1 単元課し，教科書と資料集を使って
　ノートを作成させる。Classi に「ノートのまとめ方（ヒント）」を掲載し，
　併せて Classi を使った「単元振り返りアンケート」によって，生徒の疑
　問・質問を把握し，「フィードバック」を Classi に掲載する。
　　4/13　第17回のノートの取り方配信　＊回は高校講座の回
　　4/15までに　第17回「鉄砲伝来」視聴
　　→第17回学習度調査アンケート配信
　　4/20　第17回のアンケートのフィードバック配信
　　→第18回のノートの取り方配信
　　4/22までに　第18回「豊臣政権」視聴
　　→第18回学習度調査アンケート配信
　　4/27　第18回のアンケートのフィードバック配信
　　→第19回のノートの取り方配信
　　4/29までに　第19回「江戸幕府」視聴
　　→第19回学習度調査アンケート配信
　　5/4　第19回のアンケートのフィードバック配信
　　→第20回のノートの取り方配信
　　5/6までに　第20回「鎖国」視聴

第6章　幕藩体制の確立
①織豊政権
高校講座　第17回　鉄砲の伝来

1543年　ポルトガル人を乗せた倭寇の船が種子島に漂着した。
　　　＊倭寇って何？
　　　　↓
教科書の索引を見ると，
p.127
南北朝の混乱期（14世紀）
九州北部の住民を中心に海
賊集団があり，朝鮮半島や
中国大陸の沿岸を襲った。

> **ワンポイントアドバイス**
> 戸山の日本史のカリキュラムはよく考えて作られていますが，1つ弱点があります。それは，途中の時代から始めているので，教科書やNHKの講座では，「もう知っているよね」的に出てくることも。その場合，自分で教科書（余裕のある人は用語集＜山川出版のものがおススメ＞を買うともっと良い）の最後の索引を使って，調べてくださいね。

倭＝日本の　寇＝恐ろしい集団　ということで，倭寇と呼ばれました。
ちなみに図説のp.136の ① の B に倭寇の行動回数の推移というグラフがあります。14世紀の倭寇（前期倭寇と言います）は，日本人だけでなく，朝鮮人もいました。しかし，足利義満が勘合貿易を行う条件として，取り締まりを行ったことなどから減っていきます。ところが16世紀の半ばに，再び倭寇が登場（後期倭寇と言います）。この後期倭寇は，倭寇というのにほとんどが中国人でした。彼らは中国の海禁政策に反して貿易を行ったので，政府の指示に従わない無法者ということで，倭寇と呼ばれました。

図7-2．第17回のノートの取り方

休校期間中の自宅学習で作成するノートの一例

第6章　幕藩体制の確立
3　幕藩体制の成立
①江戸幕府の成立

> 最初の悠也くんの質問がポイントです。これを中学生に説明できるようにすることを目安に。

「豊臣秀吉は全国統一をしたけど，たった10年で家康に取って代わられて，その家康（徳川家）は幕府を260年も続けたんだよね。何か違いがあったのかな？」

> 小早川の寝返りが大きかったんですね。関西弁が標準語に!?

違い＝徳川幕府の特徴は？
1600年　関ヶ原の戦い … 毛利輝元（石田三成）× VS 徳川家康 ○
1603年
……この調子で，大坂の役まで作る。

このあとが教科書と高校講座では，異なります。教科書の「幕府と藩の機構」の話が省かれていますね。
しかし，最初の質問に答えるためには，これも大事です。

> 図説p.166 ①AやB ③のAは大事！

図7-3．第19回のノートの取り方

配信した「ノートの取り方」の17回目分が図7‐2である。その後，生徒の要望などを加味し，19回目が図7‐3である。

　また，学習度調査の方は視聴状況を把握すると同時に，生徒が疑問に思ったことに応えるためのものである。実際，オンデマンド型の授業の場合「質問ができない」という生徒の声が多く聞かれていた。以下は18回目のアンケート結果で，Classi にアップしたものである（図7‐4）。

　回答率は2学年320名が期限までにアンケートに答えた率である。最初の17回が半数を切っていたので少し心配したが，Classi への不慣れによる回答忘れなどもあったようで，以後はほぼ6割前後で推移していった。

　理解度に関しては，どの回も「理解できた」と「ほぼ理解できた」を合わせると90%を超えていた。これはこの高校講座が同世代の高校生役の2人と

第18回「豊臣政権」アンケートのフィードバック　　担当　近藤　20200427

回答率　　　58.1%　　　　（前回）44.1%
理解できた　43.0%　　　ほぼ理解できた　54.8%
あまり理解できなかった　2.2%　　　理解できなかった　0%
回答者も増え，理解ができた人がほとんどで，戸山生の実力を感じました。
＊ホームページにも掲載されましたが，5/10までの休校が決まり，その後の延長も視野に入れなければなりません。日本史の担当者の間でも，さらに延長になった場合の授業計画も検討しています。その際に，重要なことは皆さんが，「基本的事項については理解している」という点です。今回の単元で言えば，「秀吉の全国統一がどのように行われたのか」，「検地と刀狩はどのようなものか」，「秀吉の対外政策とは？」が理解できている前提で，授業が行われます。ぜひ，不足する点は補い，再開後に備えてください。また，同級生の中で，日本史に取り組めていない人を知っていたら，この方針をお伝えください。
みんなからの意見（紙面の関係で，同様の意見・質問や「特になし」は省略させてもらいました。）
・特にないです。約1年前はあんなに覚えていたのに，今となってはかなり忘れていた…。
　＞ですよね。戸山の入学試験の頃には，みんな覚えていたのに。でも，覚える→忘れる→覚える，を繰り返すしかありません。みんな同じですので，嫌いにならないでね。
・教科書のどこを省いてよくて，どうまとめていいのか分からないです。
・教科書には，NHK よりも詳しく色々な戦いが出てくるのですが，どこまで細かく見たらいいのか，わからないす。
　＞最初は難しいと思います。こちらも繰り返していくしかありません。前にも書きましたが，「ストーリーを語れるか」が大事です。例えば，中学生の子から「ねぇねぇ，太閤検地って何？」と（後略）

図7‐4．第18回のアンケート結果

第20回「鎖国」アンケートのフィードバック　　　担当　近藤　　20200509

●回答率　67.3％（19回49.7％　18回58.1％　17回44.1％）
＊今回は「まだやってない人も回答して」と呼びかけた結果，207名が答えてくれました。ありがとうございました。
　今回の課題をやったよ，という人は55％の177人でした。18回の58％にはちょっと届かなかったです。
●理解できた　40.9％　　　ほぼ理解できた　52.8％
　あまり理解できなかった　4.7％　　　理解できなかった　1.6％
＊難しい単元でしたが，９割以上の人の理解が進んだようです。不足する部分は，再開後の授業で，やっていきましょう。
●ここまでの取り組み状況

3回とも	17,18のみ	17,19のみ	18,19のみ	17のみ	18のみ	19のみ	やってない
176	19	0	0	9	0	0	3
85.0％	9.2％	0 ％	0 ％	4.3％	0 ％	0 ％	1.4％

＊頑張って課題をやってくれている人が多く，ホッとしています。「２回とも」が多いのに，ちょっと驚いています。やっぱり，２年生はしっかりしている人が多いようですね。ただ，心配なのは，やっている人とやってない人の差が大きいことです。まだ，やっていない人は，この延長された期間で，すべての回を学習しておいてほしいです。
●みんなからの意見（同様の意見をまとめたり，過去にお答えしたものは省略させてもらったりしました。）
・急いでやろうと思います
　＞ありがとう。急がなくても，5/22までに，第22回までを終え，アンケートを提出してもらえれば，大丈夫です。
・ヒントが出る前に自分なりにノートを書いていため，例とはかなり異なるものになってしまったのですが，問題ありませんか。
　＞まったく問題ありません。前回のプリントにも書きましたし，世界史の方でも，ガイダンス動画で，
（後略）

図７－５．　第20回のアンケート結果

のやり取りを軸に進めるという制作側の工夫があり，内容的にも映像を取り込み，よくまとまっていた。さらに，東京大学史料編纂所の故山本博文先生の解説も高校生に寄り添ったものであったことが一因と考える。20回目のアンケート結果を図７－５に示す。

　回答者に占める割合ではあるが，85％の生徒がしっかり取り組んでいることに，担当として安堵感を覚えたことを記憶している。

3．臨時休校再延長期間：令和2年（2020年）5月7日〜5月26日

　4月16日に緊急事態宣言が全国に拡大し，4月20日を過ぎても感染者数は減らなかった（東京都の感染者数：20日101人，21日123人，22日123人，23日134人，24日170人，25日119人）。次第に，このままではゴールデンウィークが明けても学校が再開できないのではないか，という危惧が教職員の中にも広がっていった。その後緊急事態宣言は延長され，臨時休校期間は続くこととなった。

　これまで紙ベースに頼っていた教員の中にも，「何か手を打たないと」という動きが起きてきた。

　また，担任たちからも「生徒の不安な気持ち」をどう解消していくかという意見が全体に上がってきた。Zoom を使ったホームルームなども徐々に広がっていった。

　ゴールデンウィークが近づくと，「5月いっぱい授業が再開できないのではないか」という危機感が職員室を支配していた。一部の保護者からは「オンラインの授業を戸山はやらないのか」という声も上がってきた。さらに，中間考査も実施できないという事態に各科の動きが加速していった。

　学校全体としても，ゴールデンウィーク明けから各授業で何らかの形での「オンライン授業」を行うことが決まった。準備が具体化し，実際に「学習の遅れ」を回復しようとする努力が各教科で行われるようになった。この時点の形式は主に以下のようなものである。

　　・既存の動画（NHK の高校講座など）を視聴させる。
　　・オンデマンド型のオリジナル動画を作成し，配信する。
　　　a．パワーポイントで作成したものに音声を乗せる。
　　　b．黒板の前で授業を行い，それを録画して配信する。
　　・Zoom などによって，リアルタイムの配信を行う。

　これらの方式に，Classi のアンケート機能を使って生徒の質問を集めて答えたり，コンテンツボックスへの課題提出を求めたりする方式が組み合わされた。また，Classi の Web テストの機能を使ってオリジナル問題を作成し，生徒にやらせる方法をとった教員もいた。インタラクティブな授業という意

日本史休校中の課題（発展⑥）近世文化 Web テストの振り返り　　　近藤

　今回の Web テストには，21人が参加してくれました。ありがとうございました。

問題 1	36.2点	72.4%
問題 2	9.5点	95.2%
問題 3	3.3点	33.3%
問題 4	8.6点	85.7%
問題 5	3.8点	38.1%
問題 6	6.2点	61.9%

　平均点は67.6点。なかなか良い出来ですね。100点満点も 2 人いましたよ。（拍手‼）

　この時期の学習ですので，「まず理解を！」を目標にしている人も多いですよね。ですから，現時点で，細かいことまで覚えていなくても，問題ありません。『こんな風に，受験では出るよ』と，みんなにゴールを示すことを意識しています。

　今回，平均点が低かった問題は 2 つ。問題 3 は儒学の学派に関する問題でした。ちょっと細かいことで，「細かいことを聞いて，イジワルな問題だなぁ」と，思った人もいるでしょう。しかし，この問題を間違えるということは，「まず理解」の部分の方法がよろしくないケースが考えられます。

図 7 - 6．Web テストのフィードバック

味で，Zoom のオンライン授業が期待されたが，通信環境の脆弱さから生徒からの発言を抑えての対応にならざるを得ないケースも目に付いた。また，生徒からは家庭の学習環境による問題が指摘された。この時期，保護者も在宅勤務しているケースや，他のきょうだいもオンライン授業になっている状況下で，決められた時間での参加が難しい家庭もあった。また，事後に集めた生徒の声の中には，「家族の面前でリアルタイムの授業を受け，発言するのはキツかった」というものもあった。

　筆者の担当する日本史は，2 年生については NHK の高校講座が定着しつつあったので，その後も同じ方式を継続することにし，アンケート結果でなるべく質問に丁寧に答えるようにしていった。3 年生については，メインの担当者が Zoom でリアルタイムの授業を始め，筆者は文化史の動画（内容を10分ほどにまとめたもの）を YouTube で配信し，定期的に Web テストの配信とそのフィードバック（図 7 - 6）も行った。

　このような取り組みを行う中，5 月中に臨時休校が解除されるのではないかという報道がなされるようになっていった。再開にあたって，分散登校が課せられるという話も伝わってきて，どのような形になるのか情報がないままさまざまな形態の検討が行われた。結果的に 5 月27日からの再開が決まった。

第4節　分散登校期間：令和2年（2020年）5月27日 ～6月27日の対応

1．分散登校Ⅰ期：令和2年（2020年）5月27日～5月29日

　6月から分散登校の準備期間という位置づけで，各学年1日登校させることとなった。27日は2年生，28日は3年生，29日は1年生が登校。密を避けるために，出席番号奇数の生徒は午前中2時間，偶数の生徒は午後2時間の登校とした。

　何より生徒たちの笑顔が印象的であった。登校初日は提出物を集めたり，このあとの登校についての説明をしたりした。さらに，各教科からの配布物も多かったと記憶している。ちなみに1年生はこの日が初めての登校で，担任や級友の顔を初めて見ることとなった。

2．分散登校Ⅱ期：令和2年（2020年）6月1日～6月13日

　この時期の感染防止策の主体は，「密を避ける」であった。よって，登校する生徒の数を制限し，さらに教室内の人数を半分に抑えることになった。長期の休校直後ということと，初めての分散登校ということで，試行錯誤であった。

　6月1日からの週は，35分授業を6コマ行うこととし，奇数の生徒は午前，偶数の生徒は午後の登校となった。例えば6月2日の2年生では，1時間目2年A～D組の生徒は「数学Ⅱ」，E～H組は「化学」というように4クラスごとに科目で割り振った。しかし，この方法だと複数の教員を同時に配置できる教科はいいが，理科や社会のように専門の教員が1～2名しかいない場合，化学の授業に生物や地学の教員（普段そのクラスをもっていない）が行くこととなり，授業を行うというよりは自宅での学習の指示を出すことがメインになってしまった。さらに，時間講師が担当している場合，普段の曜日と異なる日に授業を入れざるを得ず，担当外の専任でカバーすることになった。筆者は日本史の教員であるが，日替わりで1時間目は自分の担当クラスで日本史，2時間目は政経のフォロー，3時間目は普段はもっていない日本史のクラス。これを午前と午後の2回行うという日々であった。

【分散登校Ⅱ期】

・登校する人数の抑制 → 登校するのは2つの学年　　　　　　　　　　　　　　☆：偶数
・教室の人数の抑制 → 登校を午前と午後で分け，教室の人数を半分にする　★：奇数

曜日	学年	授業時間							
		1	2	3	4	5	6	7	8
月	1・3	☆月1	☆月2	☆月3	☆月4	★月1	★月2	★月3	★月4
	2	自宅学習							
火	2・3	☆火1	☆火2	☆火3	☆火4	★火1	★火2	★火3	★火4
	1	自宅学習							
水	1・2	★水1	★水2	★水3	★水4	☆水1	☆水2	☆水3	☆水4
	3	自宅学習							
木	1・3	★木1	★木2	★木3	★木4	☆木1	☆木2	☆木3	☆木4
	2	自宅学習							
金	1・2	☆金1	☆金2	☆金3	☆金4	★金1	★金2	★金3	★金4
	3	自宅学習							
土	2・3	★土1	★土2	★土3	★土4	☆土1	☆土2	☆土3	☆土4
	1	自宅学習							

図7-7．分散登校Ⅱ期の概要

　そこで，2週目の6月8日からは通常の時間割に準拠する方式に変更された。さらに，ある程度授業を確保していくために，午前に4コマ，午後に4コマの計8コマを行うこととした。しかし，その場合8コマ目の終わりが遅くなり，生徒の下校がラッシュ時に近くなるということで，1コマを35分から30分に短縮した。その結果が図7-7のような形であった。

　授業を行えるという点では，少し"日常"に近づいた。何より授業担当者が自分の担当クラスに行けるという点での改善は大きかった。それでも時間講師の場合，いくつもの学校を掛け持ちしている講師などはその時間に来ることができず，同じ教科の教員がカバーする必要は続いた。

　この形では，生徒1人当たりの授業数が16コマ。1コマ30分なので8時間。本来なら27時間ほどあるはずの週の授業時間は三分の一以下になってしまった。ただ，並行して夏休みや冬休みの期間短縮も俎上に上がっており，「学習の遅れ」を回復するというよりも，何とか日々をこなしていくことで精いっぱいになってしまい，あとで何とかしようというのがこの時期の思いであった。

　筆者が担当する2年生の日本史（直接もっているのは2クラス。6クラスは時間講師ともう1名の専任。この専任は3年生の学年主任で，3年生の日

本史全般の対応を担当）については休校期間中の取り組みを継続し，対面の時間ではその自学自習の支援が中心で，授業を行うという感じではなかった。

3．分散登校Ⅲ期：令和2年（2020年）6月15日～6月27日

　次の週からは，分散登校の形態について東京都教育委員会からの指示が変更された。感染予防策の「登校する生徒の数を制限する」という策は緩和され，「教室内の人数を半分にする」という点が中心となった。そのため，図7-8に示すように，3学年とも登校させることが可能になった。分散登校のⅡ期では，同時に登校している生徒数は，全校生徒の三分の一であったが，Ⅲ期では二分の一までが認められた。

　短縮40分授業の6コマとなり，やや平常に近づいた。この形になったことで時間講師の教員も対応が可能になり，正規の授業担当者が担当クラスに行ける体制が整った。生徒は隔日で登校となり，授業者は15日の週と22日からの週に全く同じ内容の授業を行うことになった。

　個人的には，分散登校Ⅱ期に比べればだいぶ安堵し，いつもの授業に近い形ができるようになった。

　しかし，今考えるとこの方式にはいくつかの課題があった。1つは，教員は通常の時間割で奇数の生徒を相手に授業をしているため，その間の偶数の生徒たちへのオンラインでの授業を行うことができなかった。現在の戸山高校であれば，マイクロソフトのTeamsなどを用いて，自宅にいる生徒に教室

【分散登校Ⅲ期】
・当校は3学年とも登校可　　　　　　　　　　　　　　　　　　　　☆：偶数
・教室の人数の抑制 → 半分ずつ登校させ，教室の人数を半分にする　　★：奇数

曜日	学年	授業時間					
		1	2	3	4	5	6
月	全	☆	☆	☆	☆	☆	☆
火	全	★	★	★	★	★	★
水	全	☆	☆	☆	☆	☆	☆
木	全	★	★	★	★	★	★
金	全	☆	☆	☆	☆	☆	☆
土	全	★	★	★	★		

図7-8．分散登校Ⅲ期の概要

での授業を配信することもできると思われるが，当時はそのようなことは話題にさえ上がらなかったように思う。

　もう1つは，生徒の生活の乱れである。生徒は隔日で学校と自宅学習を繰り返す訳だが，後日の生徒からの声では，生活のペースが乱れ，特に自宅での学習がここまでの中で一番できなかったというものがあった。

　筆者自身も平常に近い形に戻ることで，ここまでやってきた「動画を視聴し」，「ノートを作成し」，「アンケートで吸い上げた疑問への答えをアップロードしていく」という活動を終了してしまった。気持ち的には，何とか繋いできたものをベースに対面の授業で補っていこうという意識であった。

第5節　学校再開後の「学習の遅れ」の回復

　予想もしなかった臨時休校と分散登校によって，多くの時間を失うこととなった。分散登校が終わり，通常の授業再開にあたって，ここまでの「学習の遅れ」をどのように取り戻すのかが議論となった。

　臨時休校中はもちろん，分散休校中のⅡ期までは，授業のない分の進度を確保するというよりも，再開後の準備をさせることに主眼があったように思える。3年生でさえ，新しい学習事項を進めるというよりも，2年生までの学習の振り返りをさせたり，基礎を固めさせたりということに足場を置いていた。受験を考えると，地域によって休校などの期間は異なり，さらに一部のICTなどの活用が進んでいる学校のオンライン授業などが報道されたりするのを見ると焦る気持ちはあったが，あの時点での本校では出来ることは限られていた。

1．臨時休校での取り組みの検証：令和2年（2020年）6月8日時点

　まずは出発点を確認するためにも，現状が分析された。その概要を見ていきたい。

1.1. 学年団からの分析

　学年団からの分析のうち，3学年の報告の一部は以下のようであった。

（1）この間の「学習支援」で成果が上がったと思われる優良な実践

①5月以降の学習支援は5教科全体で見ると，Classi による課題配信だけで
　なく YouTube や Zoom などを用いたオンライン・オンデマンド学習につい
　て学校として組織的に推進できた。

②学習支援の内容も授業の配信だけでなく，Web テストや質問対応など多
　岐にわたっており，各教科で工夫がなされ，生徒のニーズが満たされてき
　た。

③Zoom ホームルームも連絡ができるという意義はあったが，個人情報のや
　り取りができないため，電話連絡を行った。これにより SOS を出す生徒
　には担任からアドバイスでき，学習の軌道修正が図れ，進路において志望
　を下げない指導に繋げられた。

（2）この間の取り組みで課題となっている点

①Classi がほぼ唯一のオンライン・オンデマンド学習の周知手段であったが，
　トラブル等でログインできず，休校期間中の情報伝達について課題を残し
　た。

②生徒への周知の方法やオンライン・オンデマンド学習について，それぞれ
　の教科・科目で発信したため，情報整理が苦手な生徒からは不満の声が上
　がった。今回は「学びを止めない」という点で，各教科が取り組みさえす
　れば良いという風潮で行った。今後第2波などで再度休校となった場合に，
　どのように組織的に学習活動を保障していくか考える必要が出てくる。

③教員も生徒もオンライン・オンデマンド学習の配信・受信機材すら整わず，
　教員は私物で行い，生徒全員が PC・タブレット端末を完備しているか，
　Wi-Fi 環境が整っているか等を確認できないままスタートさせた。国も東
　京都も，生徒の学習権を保障するような予算と制度拡充が必要である。

④急な休校要請と延長が繰り返されたため，毎日情報を収集し学習を進めさ
　せるという状態になってしまった。第2波に備え，対面授業が始まっても
　Classi を確認する習慣をつけさせるなど，生徒に必要性を認識させる必要
　がある。

⑤環境の未整備から学習支援という位置づけとなった。これが生徒には曖昧
　で，教員もこの期間の学習参加や成果について評価・評定に入れづらく
　なってしまっている。

⑥生徒は担任が電話して生活・学習について尋ねたら，「大丈夫です！」と
　回答はする。やはり電話等では限界があると感じている。

1.2.　例年と比較した学力形成の状況

　3年生は授業時間確保の観点から，休校明けテストを実施しなかった。1
学期の中間考査がない中で，3〜5月の学習成果を測れていない状況である。
各担当のWebテスト等だけで推測するしかないが，1月の共通テスト，2
月の国立2次や私大に向けて，休校期間の学力を測りながらさらに向上させ
ていくしかない。

　休校期間中の登校日における第1志望調査では，1月模試での志望からの
変更はほとんどなく，志望校の下振れなどは起きていない。これらの生徒の
第1志望を維持するためには，第一に教科の指導で生徒に自信をつけさせる
こと，第二に担任が面談での励まし指導を行うことの効果があった。

1.3.　各科からの分析

（1）国語

　例年であれば，秋以降に行う個別指導ができたので，学力形成の面では有
益であった。

　古典に関して，直接の授業等を配信する機会は少なかったが，全体でアン
ケートをとった結果，以下のことが分かった。基本となる『古文上達』，『漢
文ステップアップノート』（両書とも共通テストレベルの力をつけるために
有益）の2冊をほとんどの生徒が1周を終わらせることができた。中には2
周終わっている生徒もいた。基本的な力を身につけさせることができたと考
えている。

（2）数学

　3年生が一番心配されるところであるが，アンケートや面接からの手応え
は，例年よりむしろ学習時間をしっかり確保している。特に昨年度までの復
習に関して十分な時間が取れているようである。ただし，新しい内容である
数学Ⅲや共通テスト対策に関しては，自分の取り組みが正しいのか自信が持
てず不安を感じているようである。

　1・2年生は，課題テストの結果を見る限り概ね良好である。ただし2年

生は，自分で予習した新しい範囲の所や模試のために授業で復習したような単元は比較的よくできているが，過去の定期考査だけで扱ったような単元については油断が見られた。

（3）英語

　1年生は遅れていると予想する。学習ガイダンスもできないままのスタートとなったため，生徒は学習の進め方や内容理解も曖昧なままのスタートとなっている。シラバスに則り，焦って進めることが有効とは言えず，3年間かけて2か月分を取り戻していくのが現実的であると考えている。

　2年生では，暗唱例文等，地道な課題にもきちんと取り組む習慣が形成されていることから，休校期間による不利はほとんど生じないものと思われる。いわゆる下の層に関しては例年よりもむしろ良好である。

　3年生は，読解力については多くの課題量で対応できた。今後の授業では，継続的指導が必要なリスニング力育成のための活動を集中して行う。

（4）理科

　Webテストなども行っているが，全員が受けているわけではないので，判断はできない。直接対面での授業を行えていないので，本来の授業で養っていくべき「科学的思考」や「探究心」については不安を感じる。3年生は，自宅学習を行えた生徒と行えなかった生徒で開きが大きくなったであろうことが懸念される。

（5）地歴・公民

　1・2年生については，新しく始める科目なので，現状どの程度の理解ができているかは不明である。3年生については，既習分野の復習については手応えがある。ただ，全体にClassiでのWebテストや振り返りの生徒の参加率は30〜40％程であり，しっかり取り組んだ生徒とあまり学習が進められなかった生徒の学力差が出ていると思われる。

　教科や学年による差異はあるものの，概ね一定の成果を上げている。しかしこの前提として，「学習の遅れ」の回復のためにこのあとの授業時間の確保があるということである。オンラインでの取り組みが対面での授業に取って代わるものという捉え方ではない。あくまで，制約された期間を無駄にすることなく生徒の学びを止めないことが目的で，本来あるべき授業はこのあとの授業で取り返す，という考え方であった。

２．再開後の授業：令和２年（2020年）６月29日以降

ここまでの「学習の遅れ」を回復するために，スピードを上げて授業の進度を速めていった。筆者が担当する日本史でも，12月までには例年の進度に追いつく計画で進めていった。そのスピードはやや速い程度で，アクティブラーニング的なグループワーク（コロナ対策の面からの制約はあったが）なども例年通り実施できるものであった。

これを可能にしたのは，失われた授業日をさまざまな工夫で回復したことである。東京都の指示で，夏季休業と冬季休業期間が短縮された。

１学期の終業式は，７月18日の予定だったものを８月８日に，２学期の始業式は８月26日から24日に変更された。これによって19日分の授業日を回復した。行事や考査を除くと30日分であった。さらに分散登校による減少を10日分程度と想定して，その半分を夏休み中に回復できた。冬の始業式も当初予定の１月８日から４日に繰り上がった。

これ以外に，本校では祝日や開校記念日，都民の日にも授業を行った。行事の縮小や中止によっても，授業日を回復することができた。文化祭の準備や振替休日もなくなり，１年生のHR合宿も中止であった。さらに，年間20日の土曜授業日の休校期間分を新たに割り振った。これにより，12月までに失われた授業時数をほぼ回復することができたのである。

しかし，生徒も教職員も，体力的にはきついものとなった。何とか遅れを取り戻そうと奮闘したものの，さすがに11月末には疲れが溜まり，11月23日の勤労感謝の日も授業を計画していたが，直前に休日に戻された。

３．進路決定状況

もっとも懸念されたのが受験生である３年生の不安感の広がりであった。この学年は，高大接続改革の中で，「英語民間試験の活用」や「記述式の導入」などへの対応を迫られていた。しかし，これらは導入が中止されることになり，その度に影響を受けてきた。そこへコロナ禍での「学びの遅れ」や地域・学校による格差などが話題となり，受験生の心に，少なからぬダメージを与えていたと思う。

文部科学省はこれに対応すべく，共通テストの第二日程の設定という対策を打ち出し，７月には予備調査も行われた。しかし，この時点で第二日程を

	北大	東北	東大	一橋	東工	名大	京都	大阪	九州	医学
今春	8	6	8	8	9	1	2	3	1	6
前年	6	6	9	7	4	1	5	1	0	5

図7-9．受験結果

希望する生徒は本校ではいなかった。その後の私大や国公立の2次試験の日程が変わらない中，第二日程という選択肢は考えづらかったのだと思う。

　一方で，当初の志望校と異なっても，推薦型などを活用して早めに進学先を決めたい，という志望校の変化も心配された。戸山高校では，授業日を12月までにほぼ回復できることや進度も回復できることを生徒・保護者に伝えていった。また，この間に受けた模試の結果も，ほぼ例年並みであった。担任や教科担当者が繰り返し励ましたこともあって，9月に募集した指定校推薦については前年より応募者が少なく，数名であった。公募型や総合型選抜の志望者も例年並みと，この点での影響は感じられなかった。

　志望校全般についても，2年生の2月段階の志望が継続され，3年生の11月の共通テスト型の模試での志望は大きくは変わらなかった。それでも，年末から一気に感染者数が増えていく中，無事入試が行われるのかという不安は続いていた。

　1月の共通テストは，本校生徒については大きな影響はなく，無事受験することができた。結果を見ても，「学習の遅れ」の影響はなかった。900点型の校内平均も文系・理系とも700点ほどで，前年を上回った。共通テストに変わり，旧センター試験よりも難化が心配される中でのこの結果に，教職員も安堵した。東京都は休校期間が長かったので，他の地域の受験生に遅れを取っているのではないかという不安が取り除かれたように思った。

　受験の結果もほぼ例年並みか，やや上回る結果であった（図7-9）。

第6節　おわりに

　このように3年生の受験結果も大きな影響はなく，また2年生についても，

その後の模試などの結果を見ても影響はなく，今年度3年生になっての模試結果は，過去数年では最も良い結果が続いている。1年生についても，今のところ大きな影響は感じられない。

　心配された「学習の遅れ」の影響はなかったのだろうか。休校や分散登校があっても，ICTの活用やオンラインでの授業などで，学習に遅れは生じなかったのであろうか。

　令和2年度（2020年度）に関しては，授業日を回復し，実授業時数を補填できたことが大きかったと思う。休校のタイミングと日数が違っていたならば，結果は大きく違っていたように思う。年度の初めであったので，進度を確保するよりも基礎固めをし，その後の授業で例年に近い授業をすることができたことが影響を抑えることになったのだと思う。

　ここで忘れてはならないのが，部活動が中止になったことである。例年ならば部活動に打ち込んでいた時間を，生徒たちは学習に振り向けた。例年，「本格的に受験勉強を始めるのが遅かった」という生徒もいる中，しっかりと復習をし，受験勉強をスタートさせられた生徒が多かったことが受験結果の好転に繋がった。この部分を除いて「学習の遅れ」の問題を検討することはできない。ただ，学習面では部活動の中止が好材料になったが，その代償として部活動で得られるさまざまなものを失ったことも忘れてはならない。

　令和3年度（2021年度）になっても，コロナ禍は続いている。校内での感染防止には教室内の人数抑制が有効にも思えるが，今年は行われていない。あまりにも負担が大きいことが一因であると思う。

　ICTの活用を迫られたことで，GIGAスクールなどの新しい教育への教職員のスキルアップに繋がったことも否めない。実際，今年度は都知事が一斉のオンライン授業を指示しても，何とかそれに応える体制ができたことも事実である。

　今回，あらためて振り返る機会をいただいた東北大学の方々に感謝すると共に，コロナ禍への対応に奮闘している全国の教職員に敬意を表したい。そして，早期にこのコロナの影響が収束し，生徒の笑顔が戻ってくることを心から願っている。

討議──パネルディスカッション──[1]

　第8章として，令和3年（2021年）5月17日に開催された第34回東北大学高等教育フォーラム「検証　コロナ禍の下での大学入試」において行われた「討議──パネルディスカッション──」の模様を収載した。パネラーは，フォーラムの講演者であり，第4章～第7章の著者にもう1名（多田鉄人氏［須磨学園高等学校］）が加わった5人構成である。コロナ禍の下で行われた二度目のフォーラム[2]であったが，コロナの感染状況が厳しい時期だったこともあり，初の試みとして登壇者のうち2名（多田氏，立脇洋介氏［九州大

1　本章は，「IEHE TOHOKU Report 85　第34回東北大学高等教育フォーラム　新時代の大学教育を考える ［18］報告書　検証　コロナ禍の下での大学入試」（東北大学高度教養教育・学生支援機構・国立大学アドミッションセンター連絡会議，2021）の「討議──パネルディスカッション──」を，音声記録と再度照合し，加筆修正した上で再録したものである。

2　前回のフォーラムの模様については本シリーズ第5巻「大学入試を設計する」（宮本・久保編，2021）を参照のこと。

第34回 東北大学高等教育フォーラム 新時代の大学教育を考える［18］

検証 コロナ禍の下での大学入試

2021年 **5.17**［月曜日］

時間 13:00〜17:00（受付開始 12:00）
会場 東北大学百周年記念会館 川内萩ホール
教育関係共同利用拠点支援プログラム 高等教育論L-01
共催 ●東北大学高度教養教育・学生支援機構
　　●国立大学アドミッションセンター連絡会議

オンライン参加 （同時配信）	来場参加 （開催日当日に緊急事態宣言対象地域を除く）	今後の新型コロナウイルス感染症の状況により、開催形態又は申込内容を変更する可能性がございます。

プログラム

開会］ 開会の辞：大野 英男 東北大学総長　来賓挨拶：文部科学省

基調講演 1］ コロナ禍における個別大学の入学者選抜 ― 令和3年度選抜を振り返って ―
　　　　　　立脇 洋介 氏 九州大学准教授

基調講演 2］ オンラインを活用した東北大学入試広報活動の新たな展開
　　　　　　久保 沙織 東北大学准教授

現状報告 1］ 臨時休校・分散登校の下での「学習の遅れ」の回復
　　　　　　近藤 明夫 氏 東京都立戸山高等学校主幹教諭

現状報告 2］ オンラインの現場から ― Web授業のメリット・デメリット ―
　　　　　　多田 鉄人 氏 須磨学園高等学校教諭

現状報告 3］ 大学入試における教員としての資質・能力の評価
　　　　　　鈴木 雅之 氏 横浜国立大学准教授

討議］ 討議

閉会］ 閉会の辞 滝澤 博胤 東北大学理事

お申し込み・
お問い合わせ

東北大学高度教養教育・学生支援機構
［TEL］022-795-4815　［FAX］022-795-4815
［mail］forum34@ihe.tohoku.ac.jp　［web］www.ihe.tohoku.ac.jp

［お申し込みサイト］
こちらのQRコードから
お申し込みできます▶

学]）がオンラインでディスカッションに参加した。

　フォーラムでは，前回と同様，参加者（来場参加者実質32名，オンライン参加申込者472名）にあらかじめ Web サイトのページの URL を案内し，各講演者に対する質問や意見を記入してもらった。討議は，一部，Web に寄せられた質問や意見にパネラーがコメントする部分も含まれている。本章を読むにあたり，講演内容に基づいて執筆された上記の章をあらかじめご一読いただければ幸いである。

司　会	倉元　直樹	（東北大学高度教養教育・学生支援機構教授）
	末永　仁	（東北大学高度教養教育・学生支援機構特任教授）
パネラー	立脇　洋介	（九州大学アドミッションセンター准教授）
	久保　沙織	（東北大学高度教養教育・学生支援機構准教授）
	近藤　明夫	（東京都立戸山高等学校主幹教諭）
	多田　鉄人	（須磨学園高等学校教諭）
	鈴木　雅之	（横浜国立大学教育学部准教授）

倉元直樹教授（司会）：

　時間が長くなってきましたが，しばらくお付き合いください。討議の司会を担当いたします東北大学の倉元でございます。よろしくお願いいたします。

末永仁特任教授（司会）：

　同じく東北大学の末永仁といいます。どうぞよろしくお願いいたします。それでは，最初に私の方からご質問させていただきたいと思います。

　まず，今日ご発表された先生方，最初に発表の補足，あるいは他の方のお話を聞いた上で改めてお話ししたい点がございましたらお伺いしたいと思います。オンラインとステージの上と混じるとやりにくいと思いますので，オンラインの先生から先にお願いします。それでは，立脇先生，お願いいたします。

立脇洋介准教授：

　補足というより感想になってしまいますけど，昨年に関してはそれぞれの

立場で高校，大学の先生方が何とかやって乗り切ったというのが本当に率直な感想です。こういう場でお互いの状況を共有できれば，この4月以降実施していく入試は昨年よりよいものになるかなと思っております。以上です。

末永仁特任教授（司会）:

　ありがとうございました。それでは，須磨学園の多田先生，お願いいたします。

多田鉄人教諭:

　感想といいますか，各大学においての取り組みというのをこんなふうに知るという機会は本当に全然ありませんので，すごく勉強になりました。これからもぜひまた勉強させていただければと思います。どうもありがとうございました。

末永仁特任教授（司会）:

　ありがとうございました。それでは，久保先生，お願いします。

久保沙織准教授:

　私も大学側の取り組みについてはある程度知る機会があるのですが，このフォーラムによって私ども大学の人間としましては高校側の状況，取り組みについて知る大変よい機会になったと考えております。

　あとは，立脇先生のご発表の中の最後のところで厳格さ・公正性，負担の少なさと安全性という，それらのバランスが大事というお話もあったんですが，それに加えて鈴木先生のご発表にあった実現可能性というところも，非常にやはり入試を考える上では大事なのではないかなということを改めて実感させられました。以上です。

末永仁特任教授（司会）:

　ありがとうございました。それでは，戸山高校の近藤先生，お願いいたします。

近藤明夫主幹教諭：

　拙い話にお付き合いいただいて，本当にありがとうございました。補足をと言っていただきましたので，1点だけ。

　コロナ禍ということですけれども，例えば国全体としては GIGA スクール構想があります。やはり，高校の現場が，コロナだから仕方なくということではなくて，本当の意味でのオンライン授業などにどうやって取り組んでいったらいいのか，そういったところはぜひ大学の先生方のご教示もいただきたいなと思います。今日伺って，本当に大変勉強になりました。

　そういう中で，久保先生のお話の中で，どういう形で情報を発信していくのか，……特に，エビデンスを取りながら，効果のあるもの，ないもの……こういったあたりはぜひ高校の授業改善にも生かせたらなと思います。特にエビデンスとなるデータの取り方で注意されている点があったならばご教示いただけるとありがたいなと，そんなふうに思いました。

末永仁特任教授（司会）：

　ありがとうございました。それでは，最後に横浜国立大学の鈴木先生，お願いいたします。

鈴木雅之准教授：

　私も拙い内容でしたけれども，どうもありがとうございました。補足説明というのは特にございませんので，感想になってしまうのですが，私も他の大学の取り組みですとか高校の取り組みというのを今日改めてお聞きして，大変勉強になりました。特に，私の今日の話はどうしても大学からの視点での話になってしまったのですが，各高校はそれぞれが授業だったり学校行事だったりの対応に追われる中で，本学のように従来とは異なる形で入試をするとなりますと，それに対する対応もさらにしなくてはいけないと思いますので，本学の取り組みをどう受け止めたのか，率直なご意見や感想等，さらにお聞きできればな，というふうに思っております。どうぞよろしくお願いいたします。

末永仁特任教授（司会）：

　ありがとうございました。

倉元直樹教授（司会）：

　冒頭のところで，講演の補足をお願いしたわけですが，企画側の意図に関して若干ご説明をさせていただきます。

　「コロナ禍の下での大学入試」というタイトルを付けたわけですが，入試の実施場面に限った話ではないということが1つポイントだと思っています。昨年，突如としてコロナ禍の状況になり，高校も大学も大わらわで対応に追われたわけですが，高校での教育があり，またその教育の中で大学というものをどう知っていくかという，いわゆるキャリア教育の場面があり，そして，最後に入試の実施というふうにつながっている。そういう一連の活動を含めてこのテーマを選びました。ご質問の中で圧倒的に多かったのは，個別のご関心でオンラインのこと，特に技術的なことが多かったのですけれども，その話はもし時間が許せば最後の方に取り上げさせていただきたいと思います。

　まずは，少し大きな話からいこうと思います。おそらく，我々もそうなのですが，とにかくいろんなことに追われながら何を考えていたかというと，この非常時にあって「一番大事なもの」は何なのだろう，ということです。それを保つために，他のものを犠牲にしていく，という選択を迫られたと思うのですね。その状況にあって，2つお願いしたいのですが，まず，高校側のお二人の先生にそれぞれお聞きしたいのですね。「何を大事にしようと思ったか」ということが1点目。一言で答えられないかもしれませんけど。その中で，「大学に対してどういった対応を求めていたのか」，どうしてほしかったのか。今の時点のお気持ちもあるでしょうけども，その時点に立ち返って，その辺のところをまずお聞きしたいと思っています。大学側は，それぞれ今回お話しいただいたテーマがあったわけですけれども，それに限らず，高校側のコメントに答える形でも結構ですので，それぞれ自分たちで「何を考えて，何を大事にして昨年対応したのか」ということをお話しいただければと思います。

　まず，近藤先生からお願いします。

近藤明夫主幹教諭：

　それはもう，ちょうど1年前ぐらいの私の個人的な気持ちですけれども，一番大事にしたかったことは，今，直面する子どもたち，高校生たちが，穏やかな気持ちで臨んでほしい，それが私としては一番大事にしていたことです。

　ご案内のとおり，先ほど私の発表でも言いましたけれども，彼らはもうずっとドタバタさせられて，「英検取らないと大学受けられないんじゃないか」とか，「共通テストが新しくなって……」とかという中で，ただでさえ翻弄されている中でコロナ禍ですから，彼らが穏やかに，不安が少しでも軽減されたらいいなと，そんなふうに思っていました。

　ですので，大学側に当時望んでいたこととしては，いろんなことをあんまり変えないでほしいと強く思っていました。世の中的には9月入学にしたほうがいいのではないか，学びの遅れに対応して何とかとか，共通テストも1回ではなくて2回，2回でもなくて3回とか……。

　どの時期に受けたいと思うか，文科省から調査も入りました。でも，穏やかな気持ちで受けられる，安心して大丈夫だよというところを見せてほしい。ですから，先ほど東北大学のオンラインでの相談会の話なんかもありましたけれども，やっぱり（オープンキャンパス等に）行けなくなってどうしようという中で，ああいう取り組みはすごくありがたかったなと，そんなふうに思っています。

倉元直樹教授（司会）：

　ありがとうございます。多田先生，いかがでしょうか。何を大事に思っていたか，大学にどんなことを要求したかったか……。

多田鉄人教諭：

　先ほどのプレゼンの中身と少し重なってしまう部分もありますが，とにかく生徒に不安を与えないということを何よりも考えていました。ですので，「いつもどおり+α」という，「いつもどおり学校はやっていますよ」ということを一番大事にしようと考えていました。

　大学に求めるものは，先ほどの近藤先生と全く，奇しくも全く同じなので

すが，とにかく早く情報がほしかったというのと，できるだけ変わらないで
ほしいというのが，変な話，こちらでの感想でした。オープンキャンパスな
ど，どうしてもできないものに対しての代替案というのは何かいただけたら，
すごくありがたかったなと思います。以上です。

倉元直樹教授（司会）：

　ありがとうございます。

　それでは，大学側は答えにくい部分もあるのだろうと思うのですが，まず，
鈴木先生。実は，おそらく多くの方が期待をしていたのは，横浜国立大学が
早期に「個別試験を実施しない」という決定をされた，そのことに関してみ
んな知りたいと思っていると思うのです。

　今日のお話を伺っていると，少なくとも教育学部に関しては，大きく変え
るというよりも，例年実施していることを変えないでいこうという発想で臨
まれたのかな，と感じるわけです。そうすると，大学全体としてどういう議
論があったかは別にして，世間一般に思われているイメージとは少し違った
考えがあったのかな，というようなことも思ったところなのですが。どうで
しょう。

鈴木雅之准教授：

　あくまでも私個人の見解になるのですが，まず先ほどお話しされました
「なるべく変わらないでほしい」という点に言及させていただきますと，こ
ろころ変わらないでほしいという考えをそのまま受け止めるのでしたら，従
来のとおりキャンパスで個別試験を従来と全く同じ内容で行う，2年前予告
していた内容で行うというのが最も相応しいのだと思うのです。けれども，
おそらく本学の考えとしましては，この先変わることを一番避けたかったと
思うのですね。

　つまり，変わらないという点では「今年はこういう対応をします」と言わ
ないことが一番望ましいと思うのですが，少なくとも昨年の7月末の段階で，
その半年後の状況が全く読めない状況だったと思います。もしかすると，共
通テストすらできないかもしれないといったような話もささやかれる中でし
たので，どうすればこの先変わらずに「これで行きます」と7月末の時点で

決めて，変わらずにいられるのかという観点でこういった決定がなされたのかな，と思います。

その点，受験生の安心・安全というのももちろんあります。移動しないことによる安心・安全というのもあると思いますが，その先変えないといったことが重視されたのかなというふうに考えております。

今，倉元先生からいただきました教育学部の考え方としましては，ほかの教育学部の教員がどういう価値観，考えなのか，私には十分に分かっておりませんが，やはり今日お話しさせていただきましたように，アドミッション・ポリシーを非常に大切にしております。

横浜国立大学の教育学部は教員養成というイメージをあまり持たれていないようでして，これはもしかすると，今日，久保先生のお話を伺って，うちの広報不足が原因の1つなのかもしれないとも少し思ったのですが，横浜国立大学は，……何ていうんでしょう，立地という点ですとか，イメージ的に就職もいいとかという印象を持たれて，安易に受験するような受験生もいるということを問題意識として持っておりますので，アドミッション・ポリシーに準じて，従来と変わらない形で入試をしたいという考えを持っていた教員は少なくなかったのではないかと考えております。以上とさせていただきます。

倉元直樹教授（司会）：

ありがとうございます。立脇先生，よろしいでしょうか。感染状況の地域差というようなこともあって，九州大学では相当いろいろ検討されて，実際に動かれたということですけれども，いかがでしょう。

立脇洋介准教授：

まず，大学，高校，それぞれの立場ごとに検討はいたしました。大学にとってはとにかく4月に入学者が入っていること，そこが大前提，最も大事にしていることです。その上で，発表の最後にもお話ししましたが，入試としての公正性とか厳格さということ，あと受験生にとっての安全性，それともう1つが，繰り返しになりますが，受験生の負担もバランスを取ってやらなければいけない，ということは常に心がけました。

　高校側の要望で，大学としての対応が非常に難しかったところとしましては，「早く発表してほしい」ということと，「できるだけ変えずに」ということが，矛盾しているといいますか……。早く発表しようとするほど，横浜国立大学のように安全策のものなら早く発表できますけど，それは大きく変えたものになってしまいます。ですので，変更したくないため，ぎりぎりまで発表できず，結果的に高校側にご迷惑をかけたかなと思います。

　できるだけ変えずにというところで，実際にいくつかの学部から，例えば新しく教科試験を課すということは可能か，ディスカッションの総合型を実施している学部が，ディスカッションを対面でやるのはリスクが高いので，もうそれは全部やめて，一般選抜に定員を振っていいか，というようなことを内々に相談に来たときは，それは全てダメです，と（答えました）。高校に対するネガティブな影響が大き過ぎますので，あくまで現在やっているものの枠組みの中で変更するようにしています。もし高校側の考えているものよりも変更が多かったらそれは申し訳なかったと思います。以上です。

倉元直樹教授（司会）：

　ありがとうございました。「3つのバランス」というところがキーワードになっていたかと思いますね。

　久保先生は，実は，昨年度赴任されて，いきなりコロナだったんですよね。今の立場で大学入試を経験するのも初めてであったのですけれども，最初にあまり事情を知らない形で来られて，1年経験されて，どんなことを感じますか？　今の視点でいうと。どんな話をしてきたと自分で思われますか？東北大学で。

久保沙織准教授：

　やはり東北大学の立場といたしましては，これまで受験に向けて努力をしてきた受験生を守ること，第一に受験生ですが，それから受験生に限らず志願者，高校生，そしてそれに関わっていらっしゃる高校教員，あるいは保護者の皆さんの不安を解消することが最優先だという前提の下に，この東北大学の入試あるいは入試広報活動が動いているということを心から実感して，その実現のために取り組んでまいりました。

これまで勉強させていただく中で，実際に東北大学では高大接続改革等に関しましても「大きく変えない」という点は貫いてきたと認識しております。その中で，広報という観点では，少しでも早く入試に関連する情報，あるいは大学の学修状況に関する情報を伝えようということを一番大事にして取り組んでまいりました。

その観点の下で，まず6月の初めから進学説明会・相談会，これは高校生や受験生に向けたサイトですが，それをオープンさせて，大学に関する情報，入試に関する情報を届けました。

続いて，7月13日からは入試説明会ということで，高校教員を対象にした広報活動を行って，先生の側からも生徒さんに少しでも安心を与えてほしいことを，その説明会の中でも実際に訴えてきました。7月末にはオンラインオープンキャンパスのサイトもオープンして，9月にはライブイベントも，という形で進めてまいりました。

ただ，広報をやっていく中で，先ほど立脇先生からのお話にもあったと思うのですが，変えないで，でも少しでも早く，というところで言うと，実際に入試に関する様々な文科省からの情報や国大協からの情報も遅れていた状況がございますので，早くと思えば思うほど正確性や公表できる内容に制限が出てしまうという点に関しては，ジレンマだったなと振り返っております。

また，鈴木先生のお話で，東北大学の広報を見習いたい，というありがたいお言葉をいただきましたが，東北大学に来てみて実際に分かったこととしては，事務系の職員はもちろんですけれども，東北大学の入試広報活動は，教員も相当な労力をかけて取り組んでいるということが非常に特徴的だなと感じております。

倉元直樹教授（司会）：

ありがとうございます。

今のディスカッションは「なるべく変えない」というキーワードだったのですが，これは入試に向かっている受験生が今までやってきたことを無駄にさせてはいけないという発想，それはもう共通だと思うのですが，もしかするとそれが誤解を生むかなと思ったところもあります。それは何かというと，「この先一切変えない」という意味ではないのですよね。コロナという状況

もあります。その中で，入試を「今までどう変えてきたか」ということも含めて，「どう変わっていくべきか」というところにおそらく考え方の違いが表れているのではないかなと思います。

　全部シャンシャンで終わるとおもしろくないので，ちょっと違った点を浮き彫りにするために，まず，鈴木先生，もともと教育学部では一般入試ですね，今の一般選抜の個別試験で学力検査を課していないですよね。それは一体どういう意図によるのかということと，それはこの先どうなっていくか。どうしていくというのは先生のお立場からは言えないだろうから，どうなっていってほしいと思われているかというようなことを少し伺っていいですか？

鈴木雅之准教授：

　はい，ありがとうございます。

　ちょっと無責任な回答になってしまうかもしれないのですが，私が横浜国立大学に来て，今6年目です。私が着任したときは，いわゆる総合問題という形で個別学力検査は実施されていました。ただ，もう私が着任した当時には，……ちょっと記憶が曖昧で申し訳ないのですが，……小論文に変えることが決まっていたと記憶しております。ですので，総合問題も学力検査と捉えるかどうかという考え方もあるとは思うのですが，なぜ，今の形になったのかということを，実は私は詳細には把握していないのです。

　ただ，小論文試験に変えた背景としましては，やはり教員養成というのがキーワードになっております。これは公表されている情報ですので話題にしますが，国立の教員養成課程において，本学は教員採用率が毎年のようにワースト何位とかという形で非常に低いんですね。これは受験しても受からないというわけではなくて，受験率が低いのです。大体一学年の5割ぐらいしか教員採用試験をそもそも受験していなくて，この時点で全国平均を下回るぐらいなのです。そうした背景がありまして，なるべく教職に対する熱意の高い学生を集めたいという考えはあったようです。

　総合問題ですと，例えばもともと工学部に行きたかったんだけれども，センター試験であまり成績がよくなかったので，特に対策しなくても受験できそうで，かつセンター試験の比重が比較的大きい横浜国立大学を受験しまし

たという学生が，私が着任した当時も結構いたのですね。

　そういった学生は，もともとやっぱり教員を目指していないわけですので，ミスマッチが起きてしまいまして，本人にとってもやっぱり，何でしょう，望むものを学ぶ場としては適切とは言い難いですし，我々としましてもやっぱり教員養成をしていくのをミッションとしているにもかかわらず，最初から教員になる気はないといった学生がいると，なかなか難しい部分があります。

　特に必ず教育実習に行きますので，教育実習，本学の場合は全ての学生が附属で実習を行うわけではなくて，一般校に行く学生も多いのですが，教員志望でない学生が実習に行ってしまうと，実習先の小学校，中学校あるいは高校にもご迷惑をかけてしまいますので，そういった観点からも教職への志望が高い学生を集めることがかなり重要といったところで，小論文試験を課すという結論に至ったのだと思います。さらに，それに加えて面接試験も課すようになりました。

　今後の展望に関しましては，なかなか難しい点はあるのですが，まずは小論文試験を導入して初めて卒業したのがこの間の3月の学生で，面接を導入して初めて卒業するのが今の学部の4年生なんですね。すなわち，今の個別試験の形になってからの成果の検証がまだ時期的に十分にはできていない段階にあると思います。

　私個人の考えとしましては，今の試験の在り方の適切性を評価する前にまた変えるというのはあまり好ましくないのではないかと思っていますので，現在の入試の形になってどういった成果と課題があるのかといったことを検証してから，きちんと吟味をして，内容について検討するしかないだろうと思っています。長々としゃべって全然中身がないもので申し訳ないんですけれども，今現在の中ではこうしたほうがいいとかこうすべきだという考えがあるわけではなくて，今の形をまずきちんと検証するのが先決だろうと思っております。

倉元直樹教授（司会）：

　基本的には，きちんと志望のはっきりした学生がほしいというところが課題だったという受け止めでよろしいですね。

　さて，立脇先生，コロナで集まるのが遠くから来るのが難しい，ということは重々分かります。感染状況がひどい場合には，これから変異株なんかも出てきます。今の感染機序からいくと入試のリスクは低いわけですが，今後どうなるか分からないということはもちろんあります。ただ，高大接続改革の検証の中でも，やはり記述問題の重要性（が指摘され），それは個別試験でやるしかない，というようなことを言われていますよね。

　それで，実際，ある段階では旧帝大の中で，もし移動が制限された場合にそれぞれの受験生をその場で受験させることはできないか，つまり，うち（東北大）で九大志望の学生さんを受験させることはできないか，みたいな話題が出たことはあったのですよ。旧帝大として共通テストの重要性だけをおっしゃるのは，同じような立場の大学としてはどうかな，と思った次第なのですが，どうでしょう。

立脇洋介准教授：

　本日お話しした内容が，一般選抜を実施することが大前提です。一般選抜が中止とか，集まることができないということは，それは国立大学に関しては九州大学だけではなくてほぼ全国の大学が同じ日に似たような状況です。その場合本学だけどうこうということをもう超えているので，そこも別で検討することが必要だということで，個別で行えるような総合型と学校推薦型に関しては具体的なオプションを検討してつくったというのが本学の昨年の状況でございます。

　倉元先生がおっしゃるように，記述に関するところは，本日発表を一部省略いたしましたが，実際に小論文の代替として口頭試問に変更した学部に関しては，やっぱり書く力がどうだったかということは，入った学生の検証が当然必要だとは思っております。

倉元直樹教授（司会）：

　個別学力検査を軽視しているということではないという理解でよろしいですね。

立脇洋介准教授：

そうです。そのとおりです。

倉元直樹教授（司会）：

分かりました。

今の議論をお聞きになって，高校側からコメントがほしいのですが，まずは近藤先生，お願いします。

近藤明夫主幹教諭：

おっしゃるとおりだと思います。やはり特に難関国立と言われるような，言い方がいいかどうか分かりませんが，2次試験をしっかりやるのだ，それに向けてしっかり力をつけてくださいというメッセージ，先ほど「変わらないでもらいたい」ということが，ちょっと誤解があったかと思うのですが，フェアな戦いであればいいと思うのです。

例えばうちにも九大を目指して，現役で受けて，ダメだった，「先生，来年も絶対九大受けるから」という子がいるわけですね。例えば既卒の生徒も含めて，ルールが変わることでフェアな戦いでないことが嫌だなってすごく思います。

ですから，2次試験を重視していく，それはやはりそれぞれの国立大学が工夫を凝らして，力をつけて来いよ，と（いうことが重要です）。ですから，……ちょっとこういう場で少しケンカを売るような言い方になりますけれども，……それを放棄してしまって，共通テストだけで，……先ほど来のご説明は分かるんですけれども，……やっぱりすごく違和感がありました。

大学のほうはどう考えているか分かりませんけれども，「共通テストだけで入れるんだったら，横浜国大に別に行きたいわけじゃなかったけど，共通テストで点数が取れちゃったから行きます」っていう子がうちもいました。ですから，それはやはり足並みが揃えばまた別だとは思いますけれども，……結果的にはやはり横浜国大が何を考えてやられたかということはすごく分かりますけれども，……高校の現場からするとやはり「2次試験に向けてしっかり力つけてよ」というメッセージを捨ててしまったように思えました。ちょっと言い過ぎでしょうか。

倉元直樹教授（司会）：

　ありがとうございます。

　多田先生，お願いします。実は多田先生の須磨学園は，ありがたいことに，本学，東北大学とあと九州大学に同時に大きな関心を抱いてくださった。多田先生，お願いします。

多田鉄人教諭：

　関心を抱いたというのはどの部分かちょっと分かりませんが，推薦入試はたくさん確かに出願をさせてもらいました。

　私は逆に，先ほどの近藤先生とは意見がまた異なるかも分かりませんが，2次試験でもその人物の学力を測ると。さらに，推薦においても学力以外の，その子がその大学に入った後の活躍ができるかどうかということを大学の先生が判断されるという，何と言いますか，いろいろな側面でその人物像を評価するということ自体には，どちらかというと賛成をしています。

　ですので，横浜国立大学がそちらに必要な学力が共通テストで満足できると考えられて，それを選択するのであればそれでよいと思いますし，東北大学や九州大学のような，それ以外の面でも測ることが可能だからというのでそれを全面的に押し出していくというのもいいと思います。

　僕は選択肢が増えるという意味においてはフェアであると考えていますので，いろいろな選択肢があって，いろいろな大学がいろいろな観点でその高校生を判断してくれるということは，私はすごく魅力的なことだなと感じています。

倉元直樹教授（司会）：

　ありがとうございました。この話も延々とすると長くなりそうですので，そろそろ司会を交代いたします。

末永仁特任教授（司会）：

　それでは，私からですが，オンラインで質問が寄せられています。特に広報活動について久保先生に質問があります。今から3点ほど質問がありますので，それぞれお答えいただければと思います。

まず1点目は,「久保先生の説明に『広報活動の広域化』というワードがあったと思うんですけど,そのことによって学生の出願状況や合格者の状況に対して何らかの効果があったとお考えでしょうか。特に志願者,合格者の地域比率への影響はありましたでしょうか」,これが1つ目です。

2つ目,「2020年度オンライン入試説明会における地域ごとの志願者数と参加者数との相関について質問いたします。ここでの参加者数は,入試説明会の対象となる高校教員の数でしょうか。それとも高校の数でしょうか。また,多数回の入試説明会を開催していますが,コンテンツは同じでしょうか。あるいは地域別,参加高校別に異なる内容だったのでしょうか」,これが2点目です。

最後,3点目なんですけど,これはオープンキャンパスに関してです。「今年度も多くの大学でオンラインオープンキャンパスが実施されると思いますが,東北大学ではどのように他大学との差別化を図っていますか」というのが3点目の質問です。

久保沙織准教授:

3点ご質問いただきまして,順番に答えさせていただきたいと思います。

まず1点目の広域化というキーワードを私のほうで挙げさせていただきましたことを受けまして,広域化によって学生の出願状況,志願者,合格者等の状況に変化があったのかというお話だったと思うのですが,今年,この4月の入学者という意味では,地域ごとの比率にこれまでとの明確な違いは出てはいない状況になっております。

合格者状況,志願者状況というのは大きくは変わらなくて,関東からの入学者が40％弱で,東北からの入学者が35％くらいということで,こちらで75％くらいです。残りの地域からが25％前後になっていると思いますので,相対的に少なかった地域からの志願者が,明確にどこかだけがどんと増えたということはございません。

けれども,各学部を回ってお話する中では,例えば東海地方など,学部によってはこれまで志願者が少なかったところから受けに来てくれて,かつ実際に私たちが行っていたオンライン進学説明会・相談会やオンラインオープンキャンパスを見たという話を面接の中でしてくれた受験生がいた,という

お話は聞いております。

　２点目の2020年度オンライン入試説明会の散布図，相関のところに関してですが，参加者は，参加してくださった高校教員の数のデータとなります。

　３点目，オープンキャンパスに関して，どのように他大学との差別化を図っていますかということなのですが，まず昨年度，オンラインでのオープンキャンパスを企画，設計するに当たって，他の大学がコロナ禍においてどのような形でオープンキャンパスを実施しているのかという情報収集のところから取り組み始めました。その上で，私たちがかけられる予算であるとか，人員であるとか，その範囲内でできる形はどのようなものかということを慎重に検討した上で，昨年度のオープンキャンパスは出来上がったものでございます。

　東北大学の中で，理系の女子学生によるサイエンス・エンジェルという活動があるのですが，このサイエンス・エンジェルによるキャンパスツアーを特別コンテンツとしてオープンキャンパスの中にも掲載させていただきました。

　これに当たっては，男女共同参画推進センターという部局がございまして，そちらがサイエンス・エンジェルの担当部局になりますので，そこに何度か出入りさせていただいて，実際にサイエンス・エンジェルの方ともお会いして，最終的にはキャンパスツアーという形に決まったのですが，どんな企画が可能かということを一緒にアイディアを出したり，ディスカッションさせていただいたりしました。昨年度であれば，東北大学ならではのコンテンツとしてはそのようなものが挙げられるかと思います。

　また，今年度に関しては，やはり一番特徴的なのは，オンラインと対面とのハイブリッドを計画している，予定しているという点が一番の差別化といいますか，特徴と考えられるかと思います。以上です。

倉元直樹教授（司会）：

　少し補足させてください。司会の立場を外れてしまって申し訳ないのですが，今ご質問のあった「広域化」というキャッチフレーズは内部のものですが，確か，平成19年度ぐらいから方針として掲げてきたものです。

　これには東北大学という大学の立ち位置が非常に深く関係しています。要

は東京じゃないんですよ，仙台は。仙台は仙台。東北地方にあるわけです。
当時は東北地方出身者の占める比率が4割台だったはずなのですが，音を立
ててという感じで，もう聞こえてくるぐらいに減ってきています。

　これは，1つはおそらく少子化という要因でしょう。東北地方は激しく少
子化が起こってきます。現状，その影響かどうかはまた別なのですが，東北
地方の受験生にとって東北大の魅力が落ちたわけではなくて，なかなか他の
地域に出ていけなくなってきている，学力的に届かなくなってきている，と
いう事情があるようなのです。

　そのような中，もう1つ，「特色化」というと「オープンキャンパス」。こ
れはオンラインになるとまた別なのですが，これはどうしても地域によって
情報の届き方に違いが出る。地元はこういう形で支えつつ，ただそれだけで
は大学として今のクオリティを維持することができない。そこで，今まで目
を向けてくれなかった層にも訴えかけていこうというのが「広域化」という
キャッチフレーズです。

　それでは，これが直接的な効果としてどう出てくるかというのは，まさし
くオンラインという要素が加わった現状としては，これから先ですよね。た
だ，そういう努力もしているということです。

久保沙織准教授：

　ありがとうございます。

　あともう1点，ごめんなさい。2番目の質問が2つに分かれていたと思う
のですが，回答が抜けてしまっておりましたので，続けて答えさせていただ
いてもよろしいですか。

　オンライン入試説明会において，地域ごとに内容を変えていたのかという
質問も含まれていたかと存じますが，コンテンツに関してはもちろん入試に
関する情報や大学に関する情報の部分は変えておりませんが，導入部分とし
て地域ごとの近年の志願者状況，入学者状況のグラフ等をお示しするなど，
その地域の出願状況，志願者・入学者の状況に関して，各地域に沿ったデー
タを用いた説明をさせていただいておりました。以上です。

末永仁特任教授（司会）：

　ありがとうございました。

　先ほどのオープンキャンパスについて，高等学校の先生にお伺いしたいの
ですが，まず近藤先生，オープンキャンパスというのは情報収集以外に生徒
たちが将来どう生きていくかということについてすごく大きな影響を及ぼし
ていると私個人は思っています。それについて，戸山高校では具体的に生徒
に対してはオープンキャンパスについてどういう指導をしているのかという
ことをお伺いしたい。それから，多田先生にも同様の質問をお願いしたいと
思います。

近藤明夫主幹教諭：

　お答えします。たぶん多田先生の私学，または中高一貫と，私たちのよう
ないわゆる公立の 3 年間の学校というのはだいぶ違うとは思います。

　うちの場合ですと，例えば運動部で一生懸命毎日汗を流している，高校 3
年生の夏まで頑張って，さあそこで大学を目指そうって考えて，じゃあどこ
の大学に行くのがいいんだろうかと，そういうタイムスケジュールでもう全
然 OK だよ，と。

　ですから，あまり早い段階でオープンキャンパスに行って，学校を絞り込
むというよりは，とにかく目の前にある自分の興味・関心のあることに一生
懸命取り組むと（いう指導をしています）。ですので，たぶんほかの学校に
比べてオープンキャンパスに行きなさい，というような指導は比較的遅いと
思います。

　先ほど始まる前の段階で久保先生にもお話ししたのですが，オープンキャ
ンパスがオンラインではなくて実際に行く場合にすごくいい点は，例えば友
だち 2 人で東北大学のオープンキャンパスに行く，1 人は例えば工学部志望，
もう 1 人はあまり考えてないけれども何となく理系（というようなケースで
す）。でも，行ってみて実際にいろんなものを見てみると，彼らが高校生の
レベルで知っている学問分野は非常に狭いですから，「わあ，大学へ行った
らこんな学びがあるのか」というのを，何というのでしょうか，掘り起こす
というか，そういった場面としてすごくいいなと思っています。

　ですので，逆にオンラインになると，自分の興味のあるところにだけピン

ポイントで行きますので，学問分野もあまり広がらないです。（オンキャンパスであれば）例えば，1人は東北大学に行きたいと思っている，1人は別の大学に行きたいと思っている，でも一緒に行ってみたらば「うわあ，東北に行ってみたい」っていう子も生まれてくる。しかし，オンラインだとそれぞれ自分の行きたいところに行ってしまう。そんな限界はあると思います。ちょっとお答えになっているか分かりませんが。

末永仁特任教授（司会）：

　ありがとうございました。それでは，多田先生，お願いいたします。

多田鉄人教諭：

　本校では，もうそれこそ高校1年生の頃から積極的にオープンキャンパスに行くようにと指導しています。例えば，こちらは関西ですので，京都大学を受ける生徒はまあまあいますから，それこそバス1台チャーターして行ったりというようなこともあります。

　そこへ行かせていただく目標の1つとしては，生徒たちが大学生になったときの自分を想像できる非常に数少ないよい機会だからと考えていて，私たちとしてはできるだけ入学した後の生徒と大学とのミスマッチを避けられるのではないかと考えています。

　実際にその雰囲気を感じてみたりとか，学生さんを見させていただいたりですとか，あるいは大学の先生のお話を実際にお伺いすることで，自分と合っているか合っていないのかということ，特に合っていない部分について，もしかしたら発見があるかもしれないなと思うので，1年生の頃から積極的に行くようにと指導をさせていただいております。

末永仁特任教授（司会）：

　ありがとうございました。

　今度は高校生を受け入れる立場になるのですが，横浜国立大学ではどういうことを意識してオープンキャンパスをやっていらっしゃるでしょうか。オンラインにこだわらなくて結構ですので，よろしくお願いします。

鈴木雅之准教授：

　部局によって意図とか狙いは異なると思うのですが，……何か同じことの繰り返しで大変恐縮なのですが，……オープンキャンパスで一番狙いとしていることといえば，本学部の目標というか目的を伝えるということを特に重点に置いていると思います。

　もちろん受験生の中には，何でしょう，どこに行くのが自分にとって一番ふさわしいのか，まだ明確でない人もいるかと思います。例えば心理学ですと，なかなかイメージが湧きにくいので，心理学部のような学部のあるところに行ったらいいのか，それとも教育学部にある心理学科に行ったらいいのか分からないということがあるかもしれません。

　あるいは，教員になりたいという何となくのビジョンはあるのだけれども，心理学に行ったらいいのか，それとも例えば数学を専門にしながら心理学は空いた時間で自主的に学んだりだとか，授業を取ったりしたらいいのかというふうに，どういう学びをしたらいいのか分からない受験生も結構いらっしゃいますので，そういった受験生に学びの指針だったり将来の展望を開かせるという意義があるのかなと私自身は考えております。

末永仁特任教授（司会）：

　ありがとうございました。

倉元直樹教授（司会）：

　広報を巡って様々なお話をいただきましたが，いよいよ残り時間が少なくなってきましたので，オンラインの話も含めて試験実施の話題に移っていきたいと思います。

　東北大学では，昨年度，大学院は別として学部入試をオンラインで実施することについて検討はしたのですが，事例がなかったものですから，九州大学の立脇先生に質問が集中することになるのですが，（関連する質問を）いくつか拾いますので，お答えいただければと思います。技術的な話が多いです。

　立脇先生，一般選抜の追試験において合否判定はどのように行われたでしょうか。本試験と追試験とでは科目数も異なっていたようですが，本試験

の総得点と追試験での総得点を揃えた上で，双方の受験生を併せて一緒に合否判定をされたのでしょうか。東北大学でも1名追試験があったのですが，本試験と全く同じ科目設定でやっていますので，これは立脇先生にお答えいただこうと思います。

　それから，課題図書を用いての事前の小論文提出だと，他者の手が入る可能性があるかと思います。その点での公正性の確保については何か議論がなされたのでしょうか。

　この2点でございます。立脇先生，よろしくお願いいたします。

立脇洋介准教授：

　追試の合否判定に関しましては，各学部で行っておりますので，私のほうで完全には把握しておりません。科目も違いますし，全体で7人ですので，各学部に1人いるかいないかという規模で行いますので，それぞれの学生に関して合格に足る学力があるかどうかを追試験で課した試験内容の結果から判定をしていくわけです。総合型とか学校推薦型で実施しているような合否判定に近いようなものにならざるを得ません。

　郵送形式の小論文に関しても，これも詳細に関しては学部が持っている情報ですので，私のほうで把握している範囲ですと，当然，（他者の）手が入るということは想定しております。その小論文を郵送にした代わりに，面接試験の中で口頭試問的な要素を入れて，本当にその学生がそれらの小論文の内容について理解しているかどうかというところを併せて聞くという形で判定をすると伺っております。

倉元直樹教授（司会）：

　かなり苦労をされているという印象ですね。

　2番目の質問は恐らくこれ鈴木先生にも関わってくることではないかと思うのですが，もう1つ質問がありますので，これはざっくり。選抜方法を変更したことで志願者を選抜する大学側として戸惑った点はあったでしょうか，と。これを併せてお答えいただければと思います。

鈴木雅之准教授:

　最初の不正といいますか，そういった問題かと思うのですが，この点に関してはかなり議論はあったと思います，何でしょう，言い方が悪いかもしれませんけれども，課題型のレポート提出をしてしまうと，第三者が書いたものをそのまま出す人がいるんじゃないかとか，盗作の心配があるんじゃないかとか，そういった議論はかなりなされていたのではないかと思います。

　私の個人の考え方としては，非常に何か理想論的で，ばからしく聞こえてしまうかもしれませんが，最終的には信じるしかないなと考えました。例えば，調査書1つ取っても，やっぱりそれは信じるしかないなと思うんですよね。選抜試験の歴史の変遷の中でも，調査書の扱いというのはかなり議論されてきたと認識しているのですが，高校によって評定のつけ方1つだったり，推薦書の書き方だったり，あるいは本学の場合は教員になりたい人を推薦型選抜では学校長から推薦してもらっているわけなのですが，本当に教員になりたいかどうかを確認してくれた上で推薦してくださっているのかどうかは実際のところは当然分からないわけですよね。

　すなわち，本年度のこういった提出型の課題に限らず，きちんと適切に書類等を用意して志願してくれているかどうかは，最終的には信じるしかないなという部分が大きいと思っています。

　また，もしそういった誰かが書いたものを，そのまま提出して入学してきた学生が仮にいたとしても，やっぱり一番それによって，ある意味では被害を被るのは本人だと思います。もしかしたら罪悪感にさいなまれて，ずっと苦しい思いをするかもしれませんし，ミスマッチで大学生活が楽しく過ごせないかもしれません。そういった点をトータルで踏まえて，やっぱり受験者や，あるいはそれを送り出す高校を信じて入試を行うしかないなと私個人は考えます。

　戸惑いで言いますと，やはり先ほど近藤先生から厳しいご指摘もありましたが，部局によってかなり異なるかと思います。例えば教育学部に関して言いますと，もともと一般選抜の個別学力検査ではいわゆる学力試験をやっておりませんので，例えば学力という点だけに関して言えば，教育学部においては恐らく戸惑いはそれほどには大きくなかったのではないかとは思います。しかし，他部局，特に例えば理工学部のような学部ですと，戸惑いは大き

かったんじゃないのかと推察されます。

　また，同じ教育学部に関して言いますと，これは他大学でも共通しているのではないかと思うのですが，本学の教育学部の保健体育専門領域ですと，従来，学校推薦型選抜では，いわゆる関東大会のような地区大会の成績が出願要件になっていたりしたのですが，全国大会をはじめ大会が行われなくなってしまったような関係で，そういった出願要件を変えたことがあります。そうすると，学校推薦型選抜の保健体育領域に関しましては，実技能力を担保できる情報がほとんどなくなってしまうといった点で，かなり戸惑いがあったのではないかと……私は保健体育の人間ではないのですが，……推察しております。

倉元直樹教授（司会）：

　東北大学としての考え方を久保先生に振るのは少し厳しいと思いますので，私が最後に少しだけお話しさせていただくとして，高校側からの見方ですね，どう思われましたでしょうか。多田先生からいきましょうか。多田先生。

多田鉄人教諭：

　ご質問をすみません，もう一度お願いしていいですか。

倉元直樹教授（司会）：

　とにかく，今，鈴木先生は「提出されたものは信じる」という姿勢で，……公正性に対して疑念があるという観点は分かるけれども，……基本的にそういうスタンスで臨んだということでよろしいですね。そのことに関して。

多田鉄人教諭：

　それこそ鈴木先生がおっしゃられていることを私個人としても全く同じ思いでいます。もちろん生徒が出願する際には，志望理由書であったり，自分でつくったものをある程度こちらも見ますが，別にこちらが主体でつくっているわけでは全然なくて，あくまでアドバイスをします。

　何せ入試は本人のものですので，本人が一番書きたいことを書く，やりたいことを書く，行きたいところに行けるというのを何よりも重視しておりま

す。本校においては，もちろんですけど，全然不正とかはなかったように思います。以上です。

倉元直樹教授（司会）：
　近藤先生。

近藤明夫主幹教諭：
　少し開き直った言い方をすると，推薦入試，学校推薦型選抜ですね，それから総合型選抜において，例えば学校間の成績の比較とかはどうなんですか。言い方は悪いですけれども，例えば同じ「4」がついていても，ある学校とある学校では学力が大きく違うということもあるかもしれません。

　例えば，先ほどスポーツの大会の話がありましたが，エリアによっては，例えばベスト4に入るまでに2回勝てばベスト4というところもあります。

　私自身は個人的には総合型選抜とか推薦型選抜は，そういうものなのだと思っています。ですから，そこでの公平性は逆に大学がもしかしたらもう諦めてらっしゃるのかな，くらいに思います。

　ただ，調査書に関しては，何か不正をしたりということはほとんどないのではないかと思います。結局，JAPAN e-Portfolio がああいう形になったこと[3]によって，何でもかんでも高校の調査書で担保してくださいと，エビデンスは調査書ですよという言われ方をすると，高校の現場としては大変困ります。

　調査書の電子化が進めば解決する問題かもしれませんけれども，現状の紙ベースの場合だと，各大学が，例えば，備考欄にこういうことを載せてくださいと（要求した場合），では，それは高校入学時から指導要録上にきちんとそれらを全ての子について記録ができるかというと，なかなかそれも難しい。ですので，やはりちょっと今過渡期の中でいろんな整理が必要な段階ではないかと思っています。

3　JAPAN e-Portfolio を運営する予定だった一般社団法人教育情報管理機構の運営認可が令和2年（2020年）8月に取り消しとなったこと。

倉元直樹教授（司会）：

　ありがとうございました。そうなんですよね。不正をするとかしないとかではなくて，「公平に扱われるのか」ということは，高校側から常に問われてしまう，という話ですね。

　私ども東北大学は，おそらく，「信じるけれども鵜呑みにしない」というスタンスです。鵜呑みにしないと言っても「じゃあ，ギリギリそこから詰めて吟味しよう」という方向ではなくて，扱いを適度に留めるという考え方ですね。

　特に，「信じる」という意味でいえば，主体性の評価です。これは鈴木先生にもずいぶん理論的にお世話になった部分ですが，私どもは受験生を信じる。主体性に関しては「チェックリストで5項目」という形で取り入れました。ただし，これは同点に並んだときのみ，合否を分ける場合にそのチェックリストを使う，という使い方です。

　書類審査に関しても，（AO入試の）一次選考で書類審査だけで不合格は出していません。全て筆記試験がつく形で一次選考している。そういうやり方でもって，おそらくは，出願する側の不公平感を軽減できているのではないかなと思っています。

　さて，最後になりましたので，なるべくポジティブに終わりたいと思います。コロナがきっかけで，半分強制的にですが，デジタル技術，オンライン技術が教育に取り入れられるようになりました。もちろんプラスの面だけじゃないのですが，これからこの技術をどういうふうにしていけば活用できるとお考えになるでしょうか。もう時間もございませんので，短いコメントで結構ですから，まず高校側からいきましょうか。近藤先生，お願いいたします。

近藤明夫主幹教諭：

　高校は来年から新学習指導要領が始まります。ですから，いろいろ面倒くさいことも多いですけれども，やはり前向きに捉えて，教育が変わっていく良いきっかけとして，私も頑張ろうと思っています。以上です。

倉元直樹教授（司会）：

　ありがとうございます。多田先生，いかがでしょうか。

多田鉄人教諭：

　最後に述べましたが，不登校傾向生徒などへの対応として，学校の新たな価値として，オンライン授業というのは今後使い続けることができるのではないかなと考えています。以上です。

倉元直樹教授（司会）：

　ありがとうございます。それでは，オンラインつながりで立脇先生，お願いします。

立脇洋介准教授：

　入試に関して言いますと，オンラインで遠隔地というのがまず真っ先に浮かびますけれど，ただ，それだけではなくて，やろうと思えばいろいろな形での使い方，カメラで撮ったものを後で採点する等も可能だと思います。

　ただ，それを全てやろうとするのではなくて，今，その大学，学部で必要なものに特化して実現することが必要かと思います。

倉元直樹教授（司会）：

　ありがとうございます。では，鈴木先生，お願いします。

鈴木雅之准教授：

　ありがとうございます。すみません，１つだけ補足させていただきますと，先ほど倉元先生が「信じるけれども鵜呑みにしない」という点，私も全く同感でございます。例えば面接で，当然「教員志望ですか」と聞いたら，ほとんどの学生が「そうです」というふうに答えるわけですので，これはくだらない例ですけれども，鵜呑みにしないというのはそのとおりだと思います。

　本学でも，今日詳細を述べることができないのが非常に申し訳ないんですけれども，やっぱりレポート課題ではかなり工夫を凝らして，鵜呑みにしないための工夫を凝らしております。

すみません，最後の一言なんですけれども，私は去年1年間通して，やはり教育学部にいるということと，私自身が心理学を専門としておりますので，こういったリモートだとか遠隔を経験する中で，教育の本質ですとか，人間関係とか人間社会の在り方についてかなり考えるきっかけになりました。

そういった哲学的な部分が学生の生活を豊かにするかどうかは分かりませんが，そういったいい機会になるという部分，どんどんポジティブな面がたくさんあると思いますので，いい面，楽しい面に大学生や高校生，中学生，小学生，皆さんが目を向けてくれるといいなと思っております。

倉元直樹教授（司会）：

ありがとうございます。では，最後，久保先生，お願いします。

久保沙織准教授：

先ほど，近藤先生や多田先生からいただいたオープンキャンパスに関するご意見，コメントも含めてなんですけれども，今回私からご紹介させていただいた3つのオンラインによる入試広報活動の取り組みの中でも，学内型のオープンキャンパスというのは，やはりちょっと異質な1つの広報活動の形であると考えております。特にリアルで行うことの意義が一番大きな広報活動ではないかなと考えております。

その中でも，例えばですけれども，遠方であったり，1，2年生の早い段階では，最初にオンラインから入って，いろんな情報を幅広く集めていただいて，その上で満を持してオープンキャンパスに来ていただくというようなことができれば，それが最も理想的な形なのかなと思います。

先ほどお話ししたサイエンス・エンジェルの企画を考える中でも，サイエンス・エンジェルの中のお一人が実際オープンキャンパスでキャンパスに来て，キャンパスを歩いてみたことによって，「私，ここで生活するの，いいな」と感じたことで，東北大学に入りたいと思った，受験しようと決意したという声がありました。そういう意味でも，やはり来ることの意義というのは失ってはいけないと思いますので，オンラインと対面，双方の利点を活かしながら広報活動であれ，実際の入試の業務であれ，高校と大学とのより良い連携につながるように進めていければいいのかなと，希望を持っております。

末永仁特任教授（司会）：

　それでは，ご登壇の先生方並びにオンライン参加の先生方，長時間にわたりましてどうもありがとうございました。

　本日のこの討議が，フォーラム参加者の皆様のそれぞれの現場での実践に生かすことができれば幸いです。本日はどうもありがとうございました。

文　献

宮本 友弘・久保 沙織（編）（2021）．大学入試を設計する　金子書房
東北大学高度教養教育・学生支援機構・国立大学アドミッションセンター連絡会議
　　（2012）．IEHE TOHOKU Report 85 第34回東北大学高等教育フォーラム　新時代
　　の大学教育を考える［18］報告書　検証　コロナ禍の下での大学入試　東北大学
　　高度教養教育・学生支援機構　Retrieved from http://www.ihe. tohoku.ac.jp/cahe/wp-
　　content/uploads/2022/01/076ddb4c54049e0b480985555 6 b89c24.pdf（2022年 3 月31
　　日）

第3部

大学入試における災害の
記憶と記録

第9章

平成22年度入試における東北大学の新型インフルエンザ対策について

倉元　直樹・安藤　朝夫

第1節　はじめに

　大学入試は，円滑に実施され，何事もなく無事に終了することが当然のことと期待されている事業である。いったん不測の事態が生じたときには，激しく指弾される宿命にある。近年，大学入試が社会問題化する典型的なケースとして「入試ミス」の発生が挙げられる。西郡（2008）は入試ミスを「出題関連ミス」，「試験実施・合否発表手続きミス」，「合否判定ミス」に分類し，そのうち「合否判定ミス」が特に大きなダメージをもたらす可能性があることを示した。入試ミスの防止は大学入試におけるリスク・マネジメントの最重要課題であり，現場が常に最も神経を尖らせている懸案事項である。

　入試ミス以外にも大学入試に不可避のリスクは存在する。例えば，得点調整に関わる問題が挙げられる。大学入試センター（以下，DNCと略記）は得点調整の問題によって過去に二度，大変な苦境に立たされた経験がある（倉元・森田・鴨池，2008；倉元・西郡・木村・鴨池，2008）。

　最初は，平成元年度（1989年度）の共通1次試験において，平均点差が大きく開いた理科の4科目に対して，突然，得点調整を行った結果，痛烈なバッシングを浴びたという出来事である。

　二度目は，平成9年度（1997年度）のセンター試験で起こった。前回とは逆に，移行措置科目「旧数学Ⅱ」と，当時の新指導要領に基づく「数学Ⅱ・数学B」の間で得点調整を行わなかったことに対して激しい批判が巻き起こった。

　その翌年からは，一定の条件の下で「分位点差縮小法（真弓・村上・白旗・吉村・前川，1999）」による得点調整が発動されることとなり，現在に

至っている。実際，平成10年度（1998年度）は，「地理歴史」にこの方法で得点調整が実施されたが，一切混乱が起こることはなかった（村上，1998a）。

センター試験の得点調整は「行えば行ったで新たな不公平感が生じる措置なので，調整後できるだけ受験者全体の不公平感が少なくなるような方式とする（DNC，1997）」とされている。当然，「著しい平均点差が生じないよう作題の段階でできる限りの努力を払う（DNC，1997）」ことが肝要だが，試験実施後に出題内容を公開し，自己採点を伴う現行の素点方式を取っている限りは，事前調整は不可能である。

さて，個別大学における平成22年度（2010年度）の新型インフルエンザ対策は，本質的にセンター試験の得点調整問題と相通ずる部分が多い。すなわち，感染予防等の一般的な感染症対策に加えて追試験の実施の有無に関心が集約されたことが特徴的なのである。周知の通り，センター試験では，共通1次開始以来，追試験が実施されてきた。対象となる受験者は病気，負傷，事故，その他のやむを得ない事由により試験を受験できなかった者である（DNC，2009）。一方，個別大学では，通常，追試験は行わない。追試験を実施するか否かという問題は，その年における特殊な事態に鑑みて，「例年は行われない『特別措置』を講ずるべきか否か」という問題と捉えることができる。追試験を行うこと自体が，また，行うとすればどのような体制を整えることが受験者全体の不公平感を最小限に止める作用があるかという観点から，慎重に判断することに迫られた。センター試験の得点調整問題が想起されるゆえんである。

個別大学にとって，追試験の実施は容易ではない。本試験と同一の条件を整えるのも難しい。追試験を実施することで，副次的に派生する問題も処理しなければならない。その上で，新たに発生する実施負担を大きな混乱なく吸収することが追試験を成功裏に実施する鍵を握る。これらに関わる具体的な諸事情は，全大学に共通の部分もあるだろうし，大学の立場や入試区分によって大幅に異なる場合もあるだろう。

以上のような認識の下，本発表は東北大学が平成22年度（2010年度）入試に新型インフルエンザに対して講じた対策について，個別大学の入試におけるリスク・マネジメントに関する一参考事例として提示するものである。

第2節　新型インフルエンザ対策の背景事情[1]

　表9-1は，東北大学の新型インフルエンザ対策の概要をまとめたもので
ある。入試区分ごとに対策の内容が異なっているのが一目瞭然である。具体
策の中には，主体的に決定したことと，外的な状況に付随した措置が混在し
ている。

1.　東北大学の入試関連組織

　対策の具体的な内容について述べる前に，東北大学における学部入試の組
織的特徴の概略を説明する。東北大学の学部入試は，「東北大学入試セン
ター（以下，入試センター[1)]と略記）」が統括している。入試センターは，
東北大学の学部入試の企画，実施等に携わる2つの委員会と緊密に連携を取
りながら，毎年の入試を遂行している。

　1つの委員会（以下，A委員会と略記）は当該年度の入試実施のため，年
度当初に新たに組織されるもので，約30名の委員で構成されている。作題等，
実施運営に関わる諸々の実動部隊は，班組織として同委員会の下で活動を行
う。

　もう1つの委員会（以下，B委員会と略記）は，主として複数年度にまた

表9-1.　平成22年度（2010年度）入試における東北大学の新型インフルエンザ
　　　　　対策概要

	AO入試II期推薦入試	大学入試センター試験	AO入試III期	特別選抜*	一般入試前期	一般入試後期
実施学部	文・理・工・農	—	教・法・経・医・歯・薬・工・農	全学部	全学部	経・理
出願期間	10月16～21日（推薦：11月2～5日）	10月1～14日	1月19～22日	1月19～22日	1月25日～2月3日	
1次合格発表予定日	11月11日	—	2月4日	—	2月10日	2月28日
個別試験等予定日	11月19～23日	1月16～17日	2月8～9日	2月8・13日	2月25～26日	3月12日
想定受験者数	600名	11,000名**	500名***	—	6,000名	800名
実受験者数	494名	10,082名****	487名	77名	4,966名	762名
追試験	実施する	実施する	実施しない	実施しない	実施する	実施する
追試該当事由	新型疑い	疾病・事故等	—	—	新型疑い	新型疑い
追試該当者数	4名	13名	—	—	0名	0名
その他	合格発表日変更	2週間後に延期	試験日変更	試験日変更	成績調整	成績調整

*：帰国生徒入試，私費外国人留学生入試　　**：宮城県内全会場含む　　***：第2次選抜対象者　　****：志願者数

1　本節の記述は，原典執筆当時（平成22［2010年］頃）の内容に基づく記述である（編者注）。

がる懸案事項を担当するもので，入試センター長が職指定で委員長を務める。約20名が委員として選任される。学習指導要領の改訂への対応など，当該年度の入試実施に直接関わらない事項は，同委員会の下にワーキンググループを組織して対応するのが通例となっている。

　Ａ，Ｂいずれの委員会においても部局を代表する委員が審議事項を持ち帰り，部局内の意見を集約する役割を担っている。

　なお，大学院入試も名目的には入試センターの所掌範囲であるが，現実には各部局で企画，運営，実施されている。入試センターの役割は，実施日程等に関する情報集約や入試ミス等の問題状況の把握，大学全体に関わる情報提供など，限定された範囲に止まっている。

　入試センターは，学内組織としては高等教育開発推進センター高等教育開発部入試開発室の業務組織と位置付けられている。入試開発室所属の専任教員３名が入試センター教員を兼務，入試センター長は２年任期[2)]で部局から派遣される。入試担当事務組織である入試課が実質的な庶務を切り盛りするが，組織的には教員組織とは別の教育・学生支援部の所管である。つまり，入試センターの実体は，別々の組織が母体となる専任教員と事務職員が，母体から実質的に切り離された別動部隊として一体となり，委員会とともに入試の運営に携わっている状況である。

２．選抜の種類と部局の独自性

　東北大学の学部入試は全て入試センターの下で実施される建前だが，実際には区分によって部局の主体性，独自性の程度が異なっている。一般入試は前期，後期ともに名実ともに全学一体で実施する。大学入試センター試験も同様である[3)]。したがって，これらの入試に関しては細部まで，全学の意思統一が必要となる。一方，ＡＯ入試，推薦入試，特別選抜は，学部の主体性と独自性がより強く発揮される。一般入試と比べると，実施部局の裁量部分が大きい。

３．新型インフルエンザ対策担当部署

　以上の事情に鑑みると，今回のような事態が発生した場合，どの組織が主体となって対策を立てるべきか，判断が難しい。Ｂ委員会の下にワーキング

グループを組織して処理に当たるのが，通常の懸案処理のシステムである。
しかし，新型インフルエンザ対策はあくまでも単年度の問題と解釈された。
A委員会の所轄事項となり，異例だが，A委員会の内部に臨時のワーキング
グループを組織して対策に当たることとなった。

　しかしながら，委員会は多くても月1回程度の開催である。委員は多忙で，
実際の活動は限られる。実質的には，入試センターに常勤するメンバーが動
かなければ対策は前進しない。先述のように，東北大学には日常的に入試担
当の専任教員と事務組織が一体となって活動してきた実績がある。今回の問
題の処理には，この体制が功を奏した。ワーキンググループの間に，入試課
職員と専任教員が頻繁に検討を重ね，入試センター長に判断を仰ぎながら懸
案処理を進めて行くサイクルが自然に出来上がった。内部の課題は入試課実
務担当者と専任教員が協議し，渉外窓口は入試課長に一本化された。完全に
組織的とは言えないが，日常業務を抱えながら，個別の懸案事項を処理する
には機能的な体制だったと言える。

◆◇◆

第3節　新型インフルエンザ対応のプロセス

　表9-2に新型インフルエンザ対応に関連した主なスケジュールを示す。
時期によって中心的な対応課題が次々と変化して行った。

1．初期の対応

　最初は問題の全貌が見えず，比較的のんびりした対応であった。大学院や
編入学等，目前に迫った入試に関しては，出来る範囲で追試験等の措置を
行ったが，当初から内容が詳細に固まっていたわけではない。

　最初にもちあがった問題は，その後の対応とはかなり異なった性質のもの
であった。東北大学では，7月末にオープンキャンパスを実施している。2
日間で4万人以上が集まる大規模イベントなので，万が一，集団感染の機会
となると大変な事態である。当時は感染が各地方に広がりつつあった。深刻
な状況ではなかったが，万一に備えて事前に一般的な感染防止対策について
参加各部局に通知を行った。実際，イベント終了後に新型インフルエンザを

表9-2．新型インフルエンザ対策に関連したスケジュール

月	日	委員会等検討母体	検討・協議事項，実施事項等	資料，決定事項，実施結果等
5	22	A委員会	初報告，大学院入試等追試験実施検討要請	
6	12	A委員会	大学院入試・学部編入学の追試験実施要請	資料：独自対応案
7	30-31	オープンキャンパス	事前に感染防止対策について通知	感染者発生の報道も大事には至らず
8	24	入試セ教員ミーティング	新型インフルエンザ対策初協議	資料：8/18国大協通知
	25	非公式打ち合わせ	患者発生数予測	対策検討用資料作成
9	1	B委員会	追試験実施協力要請	資料：8/28文科省発表（作業部会設置）
	11	A委員会	AOⅡ・推薦追試験実施決定，一般入試における追試実施可能性に関する検討	AOⅡ対応定案，入試日程改定案，追試問題作題に関する検討
	24	作題班会議	追試験に備えた予備問題作成の検討要請	－
	29	入試セ教員ミーティング	AOⅡ・推薦対策案検討，センター試験対策案検討	資料：対策案等
10	1	A委員会委員長	作題班に対する予備試験問題作成依頼文書	追試験用予備問題追加作成開始
	7	入試課	文科省通知	個別試験における受験機会確保要請 センター試験追試験日程
	8	入試課	DNC通知	センター試験追試験受験者予測数通知
	13	AO入試懇談会	AOⅡ・推薦追試験，合格発表日程協議	合格発表日変更に関する協議
	16	A委員会，新型インフルエンザ対応WG	監督者配置・診療体制対応策，AOⅡ・推薦追試験，新型インフルエンザ対応WG設置	AOⅡ・推薦追試験方法・合格発表日決定，一般入試追試験実施・AOⅢ非実施決定，募集要項はWGで検討
	30	入試関係最終意思決定機関	AOⅢ・一般選抜募集要項承認	一般追試実施・AOⅢ非実施正式決定 追試験情報，日程変更を含む募集要項
11	2	入試セ教員ミーティング	診断書の扱い，HPによる周知，一般入試成績調整等協議	成績調整はAOⅡの動向を見て検討
	10	B委員会	入試日程変更の通知	資料：入試日程変更案
	13	A委員会，新型インフルエンザ対応WG	入学試験実施要領，一般入試追試実施体制等協議，本試験・追試験成績調整WG設置	成績調整WGは新型インフルエンザ対応WGの下部組織
	19-23	AOⅡ期・推薦入試実施学部	AOⅡ期・推薦入試第2次選考	追試験申請者4名
	27	入試課	AOⅢ，一般選抜募集要項公表	入試日程変更済
	30	AOⅡ期追試験	AOⅡ期追試験実施	追試験受験者4名
12	1	AOⅡ・推薦合格発表予定日		12/4に延期
	1	入試セ教員ミーティング	AOⅡ追試験実施報告，センター試験追試験，個別試験成績調整等	センター試験の試験監督は当初から追試験も含めて依頼，成績調整原案
	3	非公式打合せ	成績調整方法原案提示	実装可能性検討・確認へ
	4	AOⅡ・推薦合格発表	AOⅡ・推薦合格発表実施	12/1から延期
	14	入試課	HPに一般入試追試験情報掲載	
	25	成績調整WG	成績調整方法検討	承認
1	4	入試セ教員ミーティング	成績調整WG検討結果報告	－
	16-17	センター試験本試験	センター試験本試験実施	追試験申請者13名
	23-24	センター試験追試験予定日	－	1/30-31に延期
	30-31	センター試験追試試験実施	センター試験追試験実施	追試験受験者12名
2	3	センター試験成績受信予定		2/5に延期
	3	入試セ教員ミーティング	成績調整WG検討結果A委員会報告案	承認
	4	AOⅢ1次合格発表予定日		2/6に延期
	5	センター試験成績受信	AOⅢセンター試験成績等受信	2/3から延期
	6	AOⅢ1次合格発表	AOⅢ期第1段階選抜合格発表	2/4から延期
	8-9	AOⅢ2次選考実施予定日		2/9-10に延期
	9-10	AOⅢ2次選考実施	AOⅢ期第2次選考実施	2/8-9から延期
	10	AOⅢ期合格発表予定日		2/11に延期
	11	AOⅢ期合格発表	AOⅢ期合格発表実施	2/10から延期
	19	A委員会	成績調整WG検討結果報告	承認
	25-26	一般入試前期本試験	一般入試前期日程本試験実施	追試験申請者0名
3	4-5	一般入試前期追試験予定日	一般入試前期日程追試験実施せず	－
	12	一般入試後期追試験	一般入試後期日程追試験実施	追試験申請者0名
	19	一般入試後期追試験予定日	一般入試後期日程追試験実施せず	

発症した参加者がおり，本学のオープンキャンパスと結びつけた報道もあった。しかし，実際には参加時点ですでに感染していたもので，オープンキャンパスでの二次感染の報告もなかった。報道等による風評被害も起こらず，幸いにして，二次的対策が必要な事態には至らなかった。

2．センター試験追試験延期の影響

　本格的な新型インフルエンザ対策は 8 月から始まった。最初の問題はセンター試験の追試験が例年の 1 週間後ではなく，さらに 1 週間繰り下げられる見通しが伝えられたことである。

　東北大学の AO 入試Ⅲ期では，出願受付期間がセンター試験直後の 4 日間に設定されている。そこから大急ぎで受付事務が処理され，最終的に DNC からのセンター試験成績受領の翌日には，第 1 次選考の合格発表を行わなければならない。通常の日程でも全く余裕がないので，追試験の日程繰り下げの影響で DNC からの成績提供が遅れれば，入試の実施そのものが不可能となる。これは，東北大学の入試システムの根幹を揺るがす大問題であった。結局，関係諸機関との調整の結果，当初予定されていた 2 月 3 日の成績提供が 2 日遅れることになり，第 2 次選考実施日を 1 日繰り下げることで決着を見た[4]。

3．AO 入試Ⅱ期追試験

　次に，対策の焦点は追試験実施の有無に向かうこととなった。実務的には，追試験を実施する際にはどの程度の規模を準備するかが最も重要な課題である。前例のないことであり，情報も限られている。そこで，過去の共通 1 次，およびセンター試験追試験受験者数の実績から，独自に追試験受験者数を予測することとした。

　センター試験の追試験受験許可者数は，昭和58年度（1983年度）の114名が最も少なく，例年100～300名程度，昭和54年度（1979年度）から平成21年度（2009年度）までの31回の平均値は189.6名であるが，平成 7 年度（1995年度）には，季節性インフルエンザの大流行に当たって，972名[5]の追試験許可者を出したことがあった。全受験者数に対する割合にすると，例年は0.1％未満，平成 7 年度（1995年度）でも0.186％と0.2％に届かない。平均値

は0.060％である。目的に鑑みると厳密な試算である必要はない。要はどの程度の準備負担を覚悟すべきなのかを見積もることができればよい。そこで，センター試験の前例を手がかりに，図9-1のような想定受験者数の下，ポアソン分布を仮定した試算を行った。

　具体的には，

$$f(\chi) = \frac{e^{-\lambda}\lambda^{\chi}}{\chi!} \quad (\chi = 0, 1, 2,...) \qquad (1)$$

ただし，$\lambda=np$ であるが，$p=.0006$として n に想定受験者数を入れれば平年並みの感染状況下で追試験受験者数がχとなる確率が得られる。さらに p を変化させれば，様々な想定が可能となる。

　その結果，AO入試Ⅱ期では受験者数の規模として最大600名程度を想定した場合，図9-1のように，過去最悪のケースの5倍の追試験対象者の発生に至った場合でも大規模な体制は不要であり，通常の年の1月程度の流行であれば，実際には追試験を実施しなくてすむ可能性もあることが分かった。

　8月末の文部科学省の平成22年度（2010年度）入試新型インフルエンザ対応作業部会の設置を受け，11月のAO入試Ⅱ期では追試験を実施する方向で固まった。試算の結果，規模は実施可能な範囲に収まることが分かったが，次の問題は追試験対象者の範囲である。病気や事故の救済措置としては追試験を行っていないので，新型インフルエンザ発症者だけの救済に限ると，公

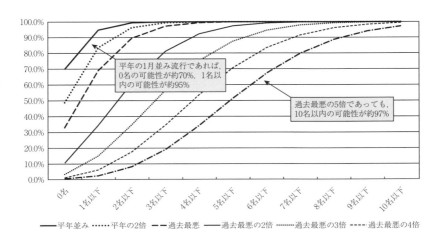

図9-1．東北大学AO入試Ⅱ期における追試験受験者数予測

平性に疑義が出る。他方，追試験が通例となり，毎年常態化すると現体制では対応できない。結局，新型インフルエンザ発症者は感染予防のために外出自粛などの行動制限を受けていたことから，受験のために無理に外出して感染が広がることを防ぐ目的で「新型インフルエンザ感染者（疑い含む）」に限ることとなった。

　先述のように，AO入試は学部の独自性が強く，全学一律に足並みをそろえるのは難しい。追試験の実施日や方法等に関しては，学部に一任するということで問題にはならなかったが，追試験が実施された場合，既に選抜要項で公表していた合格発表日との兼ね合いが焦点となった。従来，AO入試Ⅱ期で不合格となった受験生の次の機会へ向けての受験準備を配慮して，学内手続きを可能な限り合理化し，第2次選考から合格発表日の期間を短縮してきた経緯があった。追試験受験者が皆無でも合格発表日を大幅に繰り下げるのはダメージが大きい。そこで，追試験対象者の合格発表を分離することが可能かどうか議論を重ねたが，入試ミス防止のための事務負担などが大きくなることが分かった。最終的に，一部の学部の追試験予定日を調整して繰り上げ，合格発表の延期を当初予定の3日後まで繰り上げることで決着を見た。また，その旨，受験者に通知することとなった。

　実際には，表9-1に示した通り，AO入試Ⅱ期では4名に追試験を実施することとなった。

4．センター試験追試験

　次の懸案事項は，センター試験追試験の実施である。東北地区で最大の総合大学として，追試験会場を設定する覚悟はできていたが，問題はその規模にあった。10月8日付のDNCからの事務連絡（DNC事業部，2009）により，各県1試験場の確保が決定し，宮城県では10,100名の1割，1,010名規模の体制を整えることとなった。

　実施の実務面では，監督者と試験室の確保が課題となる。折悪しく，平成21年度（2009年度）には大規模な校舎の改修工事が実施され，それに伴って全学教育が変則日程となっていた。通常であれば休業日となる土曜日にも授業が行われており，新たに設定された追試験予定日の1月30日（土）も授業実施日に当たっていた。授業と並行してこれだけ大規模な教室と人員を確保

するのには大きな困難が予想された。

　そこで役に立ったのが，先述の独自の追試験対象者試算である。もちろん，DNC の予測数が基本だが，上記のような事情もあり，文字通りの想定で実施準備を行うには障壁は高かった。仮に全人口の 1 割が同時に新型インフルエンザを発症するような場合には，一般的な社会機能全体が機能不全に陥ると想像される。そのような状況で大学入試だけが実施される事態は想定しがたい。AO 入試 II 期の経験から，同じ程度の流行が 1 月のセンター試験時期に起こったとしても，追試験対象者が100名を大きく上回る規模となる可能性は小さいと予想することができた。その規模であれば，現実的な対応が可能である。不可能を可能にする意味で独自予測は役立った。

　もう 1 つの問題は，センター試験監督者への通知の仕方である。追試験者対象者数が確定してから依頼を行う選択肢もあったが，予期せぬ業務へ突然の協力要請に快く応じてもらうのは難しい。場合によっては大混乱となる可能性も想定される。そこで，例年通りのセンター試験監督依頼の手続きに，当初から追試験も含めた業務となる可能性を含め，依頼を行った。

　結果的に，表 9 - 2 のように宮城県では13名のセンター追試験申請者に対応したが，混乱なく実施することができた。

5．一般入試個別試験追試験

　10月 7 日付の文部科学省通知では，個別学力試験において，対応の例示の冒頭に「各試験日程（試験種別）ごとに追試験を実施（文部科学省，2009）」することが掲げられていた。先述の通り，AO 入試 III 期における追試験は日程上不可能だが，一般入試個別試験での追試験実施は事実上，これで決まった。

　この時点では，募集要項の公表までに何をどの程度決定しておくかの判断が重要となった。7 月に公表済の選抜要項と11月に公表の募集要項の記載に変更があるのは，受験生に混乱をもたらすので望ましくない。しかし，それ以上に，発表した募集要項を更に訂正する事態は可能な限り回避すべきと考えられた。したがって，募集要項のスムーズな公表に向けて迅速な決定が行われた。

　一般入試の追試験においては，試験問題の作成が最も大きな課題である。

その点では，2年前の経験が大きくものを言った。

平成20年度（2008年度）入試において，一般入試前期試験の個別試験前日に，北海道で暴風雪があり，飛行機が離発着できない状態となった。東北大学では，北海道から出願があった129名の志願者全員に個別に連絡を取り，動向を把握した。その結果，試験開始時間を1時間繰り下げることを決め，志願者全員の受験を実現した経験があった。

この経験に基づき，翌年からは万が一の事態に備え，一般入試個別試験の予備問題をあらかじめ準備しておく体制が整えられた。ただし，今回のインフルエンザ対策においては，突発的な天災とは異なり，後期試験を含めて2セットの試験問題が必要となった。極めて異例であったが，10月になってから作題班に追加の予備問題作成の依頼が行われた。最終的に体制を整えることはできたが，大きな負担であった。

追試験の実施体制については，追試験対象者予測の試算を含め，早めに細かく状況を伝えていたためか，大きな問題なく体制が整えられた。

最後に残ったのが成績調整[6]方法の検討である。元来，公平性を保つためには，成績調整は必要な措置である。東北大学では，一般入試個別試験の理科で成績調整を行うことを募集要項に明記している。ただし，効果的な調整が可能かどうかは，受験者数などの諸条件に依存する。また，理論的に精巧な方法であることよりも，新たなリスクと大きな負担を伴わずに実際にプログラム上に実装できる範囲の方法を考案することが重要な条件であった。

この時点では，先述の試算を参考とした場合，追試験対象者が皆無となる可能性も視野に入っていた。ところが，11月のAO入試II期で追試験が実施されたことで，一般入試における追試験の実施が一気に現実味を帯びてきた。ここから成績調整方法の検討が本格化した。

検討の結果，本試験，追試験双方の対象者が共通に受験するアンカーテストの結果を利用して得点の調整を行うタッカーの方法（Kolen & Brennan, 1995）を応用した調整方法が準備された。今回の状況では，追試験対象者も含めて共通にセンター試験成績が入手できるので，センター試験をアンカーとして利用することが可能となる。2つのテストが同等なものであれば，村上（1998b）が提起したようなパラドックスが無視できない可能性もあるが，今回のケースは追試験が付加的なものだという意味で，追試験の得点を本試

験の得点尺度に合わせればよい。短期間で確実に処理できることを考えると，ルーチンで算出しているパラメータのみで処理することがプログラムの実装を可能にし，ミスの危険性を小さくする要件と考えられた。結果，教科科目別得点は用いず，総合得点に対して成績調整を行うこととなった。

　最終的に，入試データを用いて計算するパラメータは，個別試験本試験の平均と標準偏差，および，センター試験と追試験の平均のみとなった。センター試験と個別試験の相関係数も用いるが，新たに算出するのではなく，過去10年間の実績から幾何平均を取ることとした。ただし，入試科目の構成が異なるので，文系と理系の区別は必要となった。

　過去10年間の入試データを用いてシミュレーションを繰り返した結果，前期日程の文系，理系，後期日程の文系，理系それぞれで調整を行う条件となる追試験受験許可者数の最低人数を決定し，準備に着手した[7]。

◆◇◆
第4節　結　語

　結果的に表9-1に示したように，一般入試の個別試験で追試験を実施することはなかった。準備作業は大きな負担だったが，追試験を実施せずに済んだことは僥倖だったと言える。

　幾多の困難があったが，振り返ってみて最も負担が重かったのは，追加予備問題の作題である。事務的には，日程の調整や試験場，人員の確保に加えて，センター試験の実施要領の変更が非常に大変な作業であった。成績調整方法の考案も負担であったが，考案された方法そのものは今回に限定されるものではないので，後に継承していくことが可能である。

　今回の新型インフルエンザ対策には，費用負担も無視できないものがあった。センター試験を除いても，作題謝金の追加，追試験問題印刷用機材，感染防止用の消耗品等の購入で約700万円の追加支出を強いられた。特殊事情ということで特別に認められたものである。

　今回の事態は，裏では大変な動きがあったが，表面的には最小限の混乱で止めることができたと思われる。リスク・マネジメントという意味では，最善でなかったとしても及第点はいただけるのではないだろうか。本報告は単

なる一大学の事例であるが，大学入試における今後のリスク・マネジメント
に参考としていただければ幸いである。さらに，将来，大学入試研究のテー
マとしてリスク・マネジメント分野の嚆矢の１つとして数えられることを秘
かに期待するものである。

注
1）「入試センター」と表記した場合は，「東北大学入試センター」を指す。本文中に
　あるように，独立行政法人大学入試センターは，「DNC」と表記する。
2）ただし，再任は可。
3）実際には，センター試験と一般入試では事情が異なる部分もある。一般入試は，
　全体としての運営は全学で行っているが，試験実施日の運営は，学生を迎え入れ
　る部局が自らの学部の受験生に基本的に責任を持つ体制を取っている。一方，セ
　ンター試験は，その性質上，ほとんどの受験生とは一期一会の関係である。
4）AO入試Ⅲ期の第２次選考延期に伴い，同日に行われる予定であった工学部の帰
　国生徒の選抜日程も繰り下げとなった。なお，特別選抜の追試験は実施しないこ
　ととなった。
5）実際の受験者数は928名。
6）東北大学の用語で，得点調整と同義。
7）成績調整方法の詳細については，倉元（2010）を参照のこと。

文　献
大学入試センター（1997）．大学入試センター試験における得点調整について
独立行政法人大学入試センター（2009）．平成22年度大学入試センター試験受験案内
独立行政法人大学入試センター事業部（2009）．平成22年度大学入試センター試験の
　　追試験日程の変更に伴う試験場の設定について
Kolen, M. J., & Brennan, R. L. (1995). *Test Equating: Methods and Practices.* NY: Springer.
倉元 直樹（2010）．個別大学の追試験における得点調整方法に関する一提案　日本テ
　　スト学会第８回大会発表論文集，174-177.
倉元 直樹・森田 康夫・鴨池 治（2008）．合否入替りによる得点調整方法の評価——
　　科目選択の公平性の観点から——　大学入試研究ジャーナル，*18*，79-84.
倉元 直樹・西郡 大・木村 拓也・森田 康夫・鴨池 治（2008）．選抜試験における得点
　　調整の有効性と限界について——合否入替りを用いた評価の試み——　日本テス
　　ト学会誌，*4*，136-152.
真弓 忠範・村上 隆・白旗 慎吾・吉村 功・前川 眞一（1999）．大学入試センター試験
　　の得点調整 '98：大学入試フォーラム，*21*，4-18.
文部科学省（2009）．平成22年度大学入学者選抜に係る新型インフルエンザ対応方針
村上 隆（1998a）．大学入試センター試験の得点調整——理念と方法——　国立大学入
　　学者選抜研究連絡協議会編　大学入試をめぐる最近の話題　国立大学入学者選抜
　　研究連絡協議会第19回大会セミナー資料，29-46.

村上　隆（1998b）．得点調整における公平性の概念──線形等化法における複数の基
　　準の可能性──　大学入試研究ジャーナル，*8*，41-46.

西郡　大（2008）．大学入学者選抜における「入試ミス」の分類指標作成の試み　教育
　　情報学研究，*7*，39-48.［西郡大（2020）．大学入学者選抜における「入試ミス」
　　の分類指標作成の試み　倉元　直樹（編）「大学入試学」の誕生（pp.119-132）
　　金子書房］

第10章

大学入試の危機管理
―― 東日本大震災の経験から ――

倉元　直樹

第1節　序

　平成23年（2011年）3月11日（金）という日付は，長年にわたって日本に暮らす全ての人々の胸に深く刻み込まれることになるだろう。この日に発生し，後に「東日本大震災（the Great East Japan Earthquake)」と命名されることになった大災害は，午後2時46分に発生した東北地方太平洋沖地震とそれに伴う津波によって引き起こされたものである。地震の規模もマグニチュード9.0と日本における観測史上最大を記録した。津波の高さも最大遡上高40メートルを超えたと言われている。日本では前代未聞の規模である。戦後，最も甚大な被害が引き起された災害と言ってよいだろう。死者・行方不明者数は2万名に達すると言われているが，それ以前に戦後最大の大災害と目されてきた平成7年（1995年）1月17日（火）発生の阪神・淡路大震災における人的被害の約3倍に達する。震災の発生からどれほど時間が経過しても，なかなか被害の全体像を明らかにすることすらできない状況である。

　東日本大震災の最大の特徴は，天災に加えて福島第一原子力発電所の事故が加わったことである。そのため，純粋な天災と言うよりは半ば人災の印象を人々に与えている。また，結果として極めて長期間にわたって直接的，間接的な被害の発生が続くことになってしまったが，本稿の主題とは大きな関りはないので，その問題については必要に応じて簡単に触れるだけに留める。

　また，この震災のもう1つの特徴は，震災直後の段階において津波による被害が他の原因による被害を圧倒的に上回ったことである。被災の当事者にとっては，地震直後の状況において，津波の直接的被害に加えて被害に関わる情報の多寡，被災状況に関わる認識も様々な判断に大きな影響を与えたも

のと思われる。

　なお，本稿は，東日本大震災の体験を契機に大学入試の危機管理について感じた，筆者の雑感を記述したものである。あらかじめ，筆者の所属する東北大学の公式見解とは一切無関係であることをお断りしておく。

◆◇◆
第 2 節　津波被害と高校入試

　大学入試について触れる前に，高校入試に関わる 1 つのエピソードを紹介する。

　図10-1 は，東日本大震災における宮城県農業高等学校の様子を撮影したものである[1]。まさに校舎を水没させる勢いで押し寄せてくる津波を，隣接する別棟の校舎の屋上に避難した同校の生徒，教職員が，茫然と不安げに見つめている様子が写し出されている。

　宮城県農業高等学校（以後，「宮城農業」と略記する）は，宮城県立の農業系専門高校であり，農業科，園芸科，生活科，食品化学科，農業機械科の 5 コース，各学年 6 クラスの規模である。所在地は，宮城県名取市下増田字広浦20-1，仙台平野の海沿い，閖上浜のすぐ近くに位置している。震災直

図10-1．宮城県農業高等学校を襲う津波

後，津波に襲われるニュース映像が繰り返し流れた仙台空港からは，北北東２km ほどのところにあり，海岸線まで１km 弱程度といった位置関係である。幸い，震災時に同校にいた者の中から犠牲者は出なかった。しかしながら，校舎は１階部分まで津波で完全に水没するという被害を受けた。そのため，震災後は宮城県内の３つの高校で分散して授業を行うなど，困難な状況下での学校運営が続いている[2]。

1．津波に襲われた宮城農業の状況

　東北地方太平洋沖地震が起こる２日前の平成23年（2011年）３月９日（水），振り返ってみるとその前兆だったのではないかと思われる，比較的大きな地震が起こった。地震の発生時刻は11時45分，震源地は三陸沖の深さ約10km の地点，マグニチュードは7.3で，最大震度は５弱，宮城農業が立地する宮城県中部では震度４を記録した。当日は，ちょうど宮城県の公立高校一般入試の当日に当たり，地震発生時は３時間目の社会科のテストが行われていた。各学校では所定の危機管理対応マニュアルに沿って受験生の安全確保の措置を行い，試験時間の延長措置等を取って試験を継続した。

　そして，その２日後に襲ったのが東日本大震災ということになる。宮城農業では，東日本大震災の日は採点，集計が終了し，合否判定の資料を作成しているタイミングであった。データの入力が終わり，入試担当の教頭に対して１つ目の学科の資料説明を終えたところだったという。

　データを入力したノートパソコンを素早く机の下に降ろし，揺れが収まるのを待った。作業をしていた会議室の中では物品が飛んだり倒れたりはあったが，大きな被害はなく，地震に対しては校舎も無事だった。しかし，前々日の地震とは揺れ方が全く違ったために，即座に教職員の間では「津波が来るのではないか」という懸念が脳裏に浮かんだそうである。

　大震災の当日，生徒は自宅学習日だったが，農場実習や部活動のために学校に来て，校内に留まっていた者が多数いた。２日前の地震は，多少大きかったものの日常的に時々起こる地震の１つとしか感じられず，対応にも余裕があった。しかし，このときは全く違った感覚だったという。その場にいた教員は素早く役割分担を決め，校内各所に散っていた生徒たちに避難指示を出した。実習施設を抱える宮城農業の敷地は広い。農場では液状化が起こ

り，あちこち泥水が噴水のように吹き上がっていた。

　生徒はA棟からC棟まで3棟並んで建っている教室棟のうち，B棟の3階に集められた。今は携帯電話の時代である。当然のことながら，携帯電話のワンセグ機能を使ってニュースを見ている生徒もいた。大方が3階に避難した時点で，すでに南三陸町や女川町には津波が到達していた。名取市へは5～6mの高さの津波が午後3時40分頃に到達するだろう，という予報が入っていたが，どの程度のものなのかがピンとこない。とりあえず，万全を期すために3階から屋上に上がることにしたという（図10-1左側）。雪がちらつく寒い日であった。そこにしばらく留まることを想定し，ストーブなど，後に必要になるかもしれないと思われる物品を3階に上げておいたが，結果的にそれが功を奏した。

　津波到達予想時刻までにはしばらく時間があったので，教職員の中には物品を探しに校舎に戻った者もいた。そのとき，実習棟であるC棟（図10-1右側下）を津波が襲った。押し寄せてくる圧力はものすごく，アルミの扉をぶち破って水が入ってくるのが見えたそうである。結果的に全員無事だったが，あと数秒逃げ遅れていたら……という教職員も何人かいたとのことであった。

　津波は3波に分かれてきたが，第1波と比べると第2波が極めて大きかった。その第2波が引きかけたとき，その高さを上回る第3波が押し寄せて来るのが見えた。もう，どこにも逃げようがない状況の中，そこにいた全員が給水塔（図10-1左奥）によじ上って避難したそうである。給水塔に上るためには小さなハシゴがあるが，それを使っていたのでは間に合わなかったので，3階から机を持って来てそれを台にして，女子生徒から順に給水塔に引き上げた。とにかく，何とかしてそこに集まっていた200名弱全員が給水塔に上り切った頃，空から雪が舞い降りてきた。そして，それと同じ頃，引き波が押し波を相殺して圧力が小さくなった。第3波が松林（図10-1右側）に到達した頃から津波が引いていった。給水塔には1時間以上留まったが，大丈夫と確認したうえで3階に引き上げることにした。

　毛布なども必要だったが備蓄がなかった。そこで，教室のカーテンをちぎって毛布代わりにした。2階，3階は教室棟となっており，体育着等が廊下のロッカーには入っていた。とにかく誰のものでもいいから取り出して，

生徒にはまとわせられるものをまとわせた。農業系の高校の利点は備蓄米があったことである。化学室や理科室からは，ろうそく等が集められた。灯油は貴重だった。1階に灯油タンクの貯蔵庫があった。波はかぶっていたが，灯油が少し残っていた。運動部にもわずかながら飲み物や食べ物があり，運よく流されなかった物や，流されながらも拾ってきた物で一晩を過ごすこととなった。米はお粥にして，1人につき茶碗1杯位の炊き出しができたそうである。

　翌朝，いまだ津波警報が解除されてない中での脱出が始まった。夜の間，漆黒の闇が不安をかきたてたが，翌朝，太陽が昇って明るくなってきた。それにつれて希望も湧いてきた。決断のきっかけは，震災当日，校外勤務だった実習助手が学校まで来たことである。仙台空港アクセス鉄道の最寄り駅まで車で来て，学校に様子を見に来てくれた。その時点では，相当先の場所まで津波が到達したのではないかと推測していたが，想像したよりも冠水地点が手前で止まっていたこと，膝まで水が引いていたことが脱出可能という判断につながった。

　脱出経路に関する情報ももたらされた。受け入れ先は近くの小中学校で探すこととし，生徒には足に履くことができるものはビニール袋だろうが，他人の靴だろうが，とにかく履かせて脱出させた。駅の駐車場に集合し，そこでいったん解散して，徒歩で帰宅可能な者，家族と連絡がつく者は自宅に帰らせた。それ以外は近くの小学校へ向かい，独身の教員が中心になって付き添って，もう一晩宿泊することとした。

2．入試データの死守

　津波被害に見舞われた宮城農業は，このように極めて切迫した状況下に置かれていた。その中で高校入試に関する情報がどのように扱われたのかということが，本稿の主題に関係するテーマである。

　入試のデータは，通常は，答案も含め，全ての資料が厳重に金庫に保管される。地震が起こった時点で受験票と調査書は金庫に保管されていたが，判定会議のため，答案は金庫の外に出た状態だった。その結果，答案自体は津波で流され，失われてしまうこととなった。

　入試データに関しては，教職員は皆が十分に意識していた。ただし，全員

が「入試，入試」と意識しすぎて行動し，例えば，散乱した答案の収集など
にかかっていたら，誰かが津波の犠牲になっていた可能性が高かったと思わ
れる状況だった。教務部長が入試に責任を持つということで，入試データが
入力されていたパソコンを大切に抱えて避難した。結果的に，現場で即断し
て決めたそれぞれの役割分担はうまく機能した，との自己評価であった。

　後から振り返ってみたところでは，震災があと1日前に起きていたとして
も，あと1日後に起きていたとしても，入試データは失われていたはずであ
る。1日前であれば，まだ採点が完了していなかった。また，1日後は土曜
日だったので，資料を持ち出すのは不可能だっただろう。タイミングの問題
として合否判定資料を無事に持ち出すことができたのは，かなりの幸運で
あった。

　その後，入試関係のデータは，教務部長が自宅近くの高校に保管してもら
うこととした。パソコンを持ち出すことには成功したものの，実際にデータ
を読み出せるかどうかの確認はできていなかった。最終的にパソコンに異常
はなく，入力されたデータは無事に打ち出すことができたので，それに基づ
いて合否判定が行われた。宮城県が取り決めた合格発表日の3月22日（火）
からは1日遅れることになったが，宮城農業も無事に平成23年度（2011年
度）入試の合格発表を完了するができた。

3．入試の社会的重要性

　もしも入試データが津波で流されて全て失われていたら，高校入試はやり
直しになっただろう，というのが大方の見方のようである。しかし，これだ
けの状況の下では，再募集も何もできないということもまた事実なのである。

　高校進学率が90％に達し，事実上の全入時代と言われるようになったのは
1970年代半ばのことである。それから40年近くが経過した現在でも，実際に
は高校入試は社会的に極めて重大な関心事としての扱いを受けている。さも
なければ，人命がかかったこれだけ深刻な事態の下でも，既に実施された高
校入試の結果が無事に発表できるように，これほどの神経とエネルギーが注
がれる必要はなかっただろう。津波で校舎が流されるほどの被害を受けた宮
城農業で，何事もなかったかのように合格発表が行われたことは，特段の注
目を引くことはない。逆に，入試のやり直しというような事態に陥ったとす

れば，1つの事件のように扱われたことだろう。当事者としてはこれほど理不尽な話もないだろうと感じるが，それが現実である。

　そして当然のことながら，それは大学入試に注がれている周囲の眼差しにも通じるものなのである。

◆◇◆

第3節　東日本大震災の下での東北大学の入試

1．東北大学の学部入試におけるアクシデント

　東北大学の学部入試は，アクシデントに鍛えられてきたと言っても過言ではない。近年は何事もなく無事に終わることの方が稀であり，毎年，何らかの容易ならざる事態が起こり，その都度，何とかして危機をくぐり抜けてきたという実感がある。

　例えば，平成20年度（2008年度）入試のことである。一般入試前期試験の個別試験前日は，大荒れの天候となった。北海道が特にひどい暴風雪に見舞われ，飛行機が離発着できない状態に陥った。そこで，まず，東北大学では北海道から出願があった129名の志願者全員に個別に連絡を取り，その状況を把握することに務めた。その結果，試験開始時間を1時間繰り下げることを決断し，試験場に向かっていた志願者全員の受験を無事に実現した。このとき，筆者自身は何の役にも立たず，実施本部の見事な采配に心の中で拍手喝さいを送るのみであった。

　さらに，平成22年度（2010年度）入試には，新型インフルエンザ問題が持ち上がった[1]。メキシコで豚の間で流行していたウイルスが平成21年（2009年）4月に人に感染したことが確認され，さらに人から人への感染力を持つに至ったことから，またたく間に世界中で大流行することとなったという事件である。日本でも，同年5月9日（土）に海外から帰国した高校生の感染例が確認された後，一気に感染が拡大した。死亡例も出たが，不幸中の幸いと言うべきか，鳥インフルエンザのような強毒性のウイルスではなかったために，感染の広がりの割に重症化率は高くならなかった。また，大流行した

1　以下，本書第9章参照（編者注）。

にもかかわらず，季節性インフルエンザの流行期である厳冬期までには感染も一段落して話題に上ることも少なくなり，大きな社会問題に発展することなく終息して行った。

　このときに入試に関連して持ち上がった難題は様々であったが，中でも東北大学における主だった懸案事項を挙げると，大学入試センター試験（以後，「センター試験」と略記する）の追試験実施に関わる問題，追試験の日程変更に伴う入試実施の問題，個別試験追試験の対象者数予測と追試験実施時における公平性の問題である。

　共通1次時代を通じて，毎年，センター試験の追試験は本試験1週間後に行われてきた。例年，東京と大阪に1会場ずつが設けられる[3]。ところが，平成22年度（2010年度）入試では新型インフルエンザの大流行に備えて各都道府県に追試験会場が設けられることになり，それに伴って追試験実施日が本試験の2週間後に設定されることとなった。

　東北地方で最大の総合大学として，追試験を引き受ける覚悟は備わっていたが，問題はその規模にあった。宮城県では予想受験者約1万名の1割，1千名規模の体制を整えることが要請された。ところが，折悪しく，平成21年度（2009年度）は大規模な校舎の改修工事が実施され，それに伴って全学教育が変則日程となっていた[4]。通常であれば，休業日となる土曜日にも授業が行われており，新たに設定された追試験予定日の平成22年（2010年）1月30日（土）も授業実施日に当たっていた。授業と並行して，これだけ大規模な教室と人員を確保するのには，大きな困難が予想された。

　また，追試験が本試験の2週間後に設定されたことも大きな波紋を投げかけた。東北大学にはセンター試験を利用する「AO入試III期」と呼ばれる入試がある。10学部中8学部で実施されており，定員の上でも小規模な入試ではない。これは，前期試験の前に実施されるため，極めてタイトなスケジュール管理が要求される。例年でも，ほとんど余裕のない日程で運営されているのにもかかわらず，追試験が1週間遅れるとなると，センター試験成績の情報提供もその分遅れることになる。結局，当初予定されていた2月3日（水）の成績提供が2日遅れることになり，入学者選抜要項を通じて公表されていた第2次選考実施日を1日繰り下げることで決着を見た。

　センター試験と個別試験の追試験対象者の予測には，過去のセンター試験

の追試験対象者数の情報が活用された。共通1次及びセンター試験の追試験受験許可者数は、昭和58年度（1983年度）の114名が最少、例年は多くても300名程度であり、昭和54年度（1979年度）から平成21年度（2009年度）までの31回の平均値は189.6名であった。平成7年度（1995年度）は、季節性インフルエンザの大流行に当たっていて、例外的に972名もの追試験許可者を出したことがあった。全受験者数に対する割合にすると、例年は0.1％未満、平成7年度（1995年度）でも0.186％と0.2％に届かない。平均値は0.060％である。おおよその追試験対象者数予測と言う目的に鑑みると厳密な試算である必要はない。要は、どの程度の規模で追試験を準備すべきなのかを見積もることができればよい。

そこで、センター試験の前例を手がかりに、例年の実績から想定受験者数を割り出し、ポアソン分布を仮定した試算を行った。その結果、追試験対象者が100名を大きく上回る規模となる可能性は、限りなく小さいと予測された。その規模であれば、現実的な対応が可能である。不可能を可能にする意味で独自予測は役立った（倉元・安藤、2011）。

最後に残った課題は、個別試験において追試験を実施した場合の公平性の確保である。検討の結果、本試験、追試験双方の対象者が共通に受験するアンカーテストの結果を利用して得点の調整を行うタッカーの方法（Kolen & Brennan, 1995）を応用した調整方法が採用されることとなった。

短期間で確実に処理できることを考えると、ルーチンで算出しているパラメータのみで処理することがプログラムの実装を可能にし、ミスの危険性を小さくする要件と考えられた。入試データを用いて計算するパラメータは個別試験本試験の平均と標準偏差、および、センター試験と追試験の平均のみとなった。過去10年間の入試データを用いてシミュレーションを繰り返した結果、前期日程の文系、理系、後期日程の文系、理系それぞれで調整を行う条件となる追試験受験許可者数の最低人数を割り出し、準備に着手した（倉元、2011）。結局、センター試験の追試験受験者は13名に留まり、個別試験では追試験を実施することはなかった。大山鳴動鼠一匹、といった結末だったが、リスクマネジメント（risk management）の観点からは上出来だろう。

その他、出題ミスで記者会見に至ったようなケースもあったが、西郡・倉元（2009）の分類によれば、「パターン16」[5]という最も軽微な段階で留まっ

ている。

　平成23年度（2011年度）には，京都大学の一般入試前期日程試験で，携帯
電話を利用したカンニングが発覚してマスコミで大々的に報道された結果，
全国の大学で蜂の巣をつついたような大騒ぎになっていた。東北大学でも実
施可能な範囲でカンニング対策を立て，後期日程個別試験に備えていた。

2．地震発生直後の対応

　平成23年（2011年）3月12日（土）は，国立大学の一般入試後期日程試験
における個別試験の実施日に当たっていた。その前日に東日本大震災が起
こった。入試にとって，このタイミングは決定的にクリティカルな意味を持
つ。アクシデント発生のタイミングに応じて，入試の実施担当者が必然的に
対応しなければならないミッションが変わってくるからだ。

　先述の宮城農業では，高校入試実施日の翌々日，合格発表を控えた時期に
津波に襲われたことから，担当者が命がけで入試データを守ることとなった。

　平成20年度（2008年度）入試の悪天候は，個別試験実施の前日から発生し
ていたため，入試実施日の延期を含めて「全ての受験生が試験実施に間に合
うように試験開始時間を調整する」ことが課題となった。

　阪神大震災は，センター試験本試験実施2日後の各大学への出願が始まっ
た時期に発生した。追試験会場の追加に関しては，p.193の注3）に記した
通りであるが，おそらく，大学入試関係者は答案の所在確認に追われ，各大
学の入試担当者は震災被害に遭った受験生への特別措置の準備を行ったもの
と思われる。

　そして，繰り返しになるが，東日本大震災の発生は，一般入試後期日程試
験個別試験の前日であり，同時に前期日程試験の入学手続き最終日でもあっ
た。

　以上の事項を念頭に，ここからは，筆者個人のストーリーにお付き合いい
ただきたい。

2.1．地震発生時の状況

　平成23年（2011年）3月11日（金），筆者は日帰り日程で，東京で開かれ
たある学会の会議に出席していた。会議は午前中に終わった。昼食をとって

仙台に戻り，新幹線を降りて仙台駅を出たのが地震発生直前の午後2時44〜
45分頃だったと思われる。

　東北大学では，現在，後期日程試験を実施しているのは経済学部と理学部
の2学部のみである。数年前までは全学部が実施していたが，その頃と比べ
ると実施体制は縮小され，筆者自身は後期日程入試実施業務からは免除され
ていた。

　通常であれば，帰宅のためにローカル線に乗っていたところだが，その日
は珍しく街中で私用を済ませてから帰ろうと仙台駅西口から外に出た。仙台
駅西口の2階から続くペデステリアンデッキを渡って，仙台のメインスト
リートである青葉通に向かおうとして歩いていた。街路に降りる階段まであ
と10〜20mくらいというところまで来たときのことである。突然，デッキ
が尋常ではない横揺れを始めた。周囲を見渡すと通行人は皆，一様にその場
にしゃがみこんでいた。筆者もその場に腰を降ろしながら，漠然と自分を空
中に支えているペデステリアンデッキの床が抜けたら「怪我だけでは済まな
いかな？」などと思っていた。不思議に恐怖や不安は感じなかった。

　そのうち，10mほど先にある地上とデッキを結ぶエレベータが2階で止
まっており，扉が開いているのが目に飛び込んできた。揺れが小休止した瞬
間，エレベータに向かって猛然と走り出していた。

　実は，このとき念頭に浮かんだのが，数週間前に起こったニュージーラン
ド・クライストチャーチで発生した地震の際のエピソードである[6]。倒壊し
た語学学校が入ったビルの下敷きになって，日本人学生数十名が犠牲となっ
たことが繰り返し報道されていたが，建物の中でエレベータホールだけが壊
れずに残っていた。そのニュースを思い出したのである。

　目の前の十数階建てのビルは，大きくしなっており，今にも窓ガラスが
粉々に砕けて自分の頭に降って来そうに思えた。とっさに，「床が抜けたり
ガラスが降ってきたりした場合には，エレベータに飛び込んだ方が安全だろ
う。その中に閉じ込められた方が，外にいるよりも助かる確率が高そうだ」
と考えたのである。

　しばらくはエレベータの入口にしゃがんでじっとしていた。揺れが収まる
までには，かなりの時間が経過したように思えた。仙台駅方向に目をやると，
屋上の駐車場に止まっている車が大きく揺れているのが見えた。駅舎近くに

いると落ちてくる車の直撃を受けるのではないかと思った。そうこうしているうちに，揺れが収まった。床が抜けることもガラスや車が降ってくることもなく，階段も倒壊していなかったので，とりあえずはほっと胸をなでおろした。

　階段を通って無事に通りに降り立つと，ビジネススーツ姿の多数の男女が中央分離帯に身を寄せ合うように集まっていた。おそらく，通りの両脇の建物からできるだけ遠くに逃げようとしたのだろうと思った。往来していた車はその場で停車していた。営業中のタクシーも目に止まった。

　このとき，一瞬，脳裏をよぎったのは3年前の出来事である。平成20年（2008年）6月14日（土）の朝，「岩手宮城内陸地震」が発生した[7]。奇遇にも，筆者はその日も北海道からの出張帰りに当たっており，仙台空港に降り立ったのが地震発生直後というタイミングであった。ターミナルビルから外へ出ると，アクセス鉄道の駅には途方に暮れた人だかりが見えた。筆者は目の前に止まっていた空車のタクシーを止め，いち早く自宅へと向かった。結果的に自宅付近に地震の被害はなく，家族も無事であった。この日も一瞬，この場でタクシーを拾って自宅に帰ろうかと考えたが，後期入試の前日であることを思い出した。とりあえず，研究室に向かうこととした。この判断は結果的に大正解であった。と言うのは，このときタクシーに乗って自宅に向かっていたら，結果的に津波に突っ込んで行った可能性が高かったと思われるのだ。

2.2.　仙台市中心部の様子

　後になってつくづく感じるのは，大規模な災害の現場には必要な情報が入って来ないものだということだ。今回の大震災も実感を持って状況が理解できたのは，ずいぶん後になってからである。気持ちも状況判断も大きく揺れ動いた時期があった。通信が途絶すると被害や問題の全体像が全く分からない。自分の目に入ってくる状況を手がかりとして，事態を推し測ることになる。可能な限り後知恵を排除して，そのとき，その場で何を感じていたのかを出来るだけ正直に思い返すと，ずいぶんとおかしなことを考えていたものだと思う。

　職場に向かうことを決めて，まず，地下にある市営の自転車置き場に向

かった。通勤に使っているマウンテンバイクに類するタイプの自転車を取りに行くためである。周囲は静かであった。注意深く周囲を見渡しながら歩いていたつもりだったが，１つとして倒壊した建物は目に入らなかった。主観的には自転車を取りに地下に降りて行ったときに最も恐怖感を覚えた。明かりが消えた駐輪場と地下道の圧迫感に，言い知れぬ不安がかきたてられた。

　研究室までは自転車で15分ほどの距離である。駅からは西，すなわち，海とは反対側に向かうことになる。通りには人もほとんど歩いておらず，信号で止まる必要もなく，自転車で移動するには，通常よりもむしろスムーズであった。

　途中，街灯が倒れていたり，道がデコボコになっていたところもあったように思うが，広瀬川に架かる橋も特に危険を感じることもなく渡ることができた。改めて周囲を見渡しても倒壊した建物は皆無であった。植木鉢が倒れていたり，壁が少しはがれ落ちたり，ガラスが割れているといった程度の被害を受けた建物は散見されたが，見た目にさほどひどいものだとは感じなかった。

　その時点で，「津波」という発想は一切頭に浮かばなかった。阪神大震災ほどの被害ではないな，というのがそのときの率直な感想であった。後から考えると不謹慎極まりないが，従来から必ず起こると言われてきた宮城県沖地震がこれで済んだのであれば，むしろよかったのではないか，とさえ思ったほどだった。

　研究室は入試課と同じ「東北大学入試センター」の建物の中にある。そのとき建物で勤務していた教職員は全員無事で，私が到着したときには外に一時退避していた。しばらくは余震が続いたので，建物に入るのは危険と感じられた。寒空の下，しばらくはなすすべなく，建物の周囲で余震が収まるのを待つしかなかった。

　その頃，行動を共にしていた入試課職員の中で，携帯電話のワンセグ機能を使ってテレビを見ている者が何人かいた。地震のニュース，それに加えて津波のニュースが流れ，ようやく事態の深刻さが情報としては入ってきた。しかしながら，その時点では，皆，不安や恐怖を表に出すことはなく冷静だった。それは事態を受け止めてのことだったのか，実感として目の前の現実と結びつかなかっただけだったのか。改めて問うてみると，正直なところ

よく分からない。内線電話は通じなくなっていた。その場にいた多くの者が携帯電話を使って家族に連絡を試みていたが，電話やメールは時折つながったり，しばらくつながらなくなったり，という状況だった。

2.3.　翌日の後期日程個別試験実施の取りやめをめぐって

　実施本部会議が行われる予定時刻の16時になった。会議のメンバーは揃わなかった。実施本部長となるはずの教育担当理事も現れなかった。

　ここで東北大学のキャンパスと入試関連組織について簡単に説明を加えておくことにする。大学によっては，ほとんどの機能が1つのキャンパス，1つの地区に集中している場合がある。ただし，比較的大規模な大学では適切な例が思い浮かばない。

　一方，異なる機能を担う複数のキャンパスが離れた街に分散して立地している大学も珍しくない。例えば，山形大学は，本部や理学部などの3つの学部が位置する山形市のメインキャンパスと，農学部がある鶴岡市のキャンパスとは通常でも片道約2時間の距離，工学部のある米沢市のキャンパスとは1時間はかかる距離である。

　こういったキャンパスの構造の違いによって，大学の管理運営の実務も相当に変わってくるのではないかと思う。山形大学ほど距離が離れていれば，1つひとつの小さな案件について全てのキャンパスから人が集まることは難しいだろう。そのための工夫は日頃からなされているのではないだろうか。他方，1つのキャンパスに機能が集中していれば，アクセスに大きな労力を割くことはない。

　東北大学のキャンパスは，「集中型」と「広域分散型」の中間，言わば「市内分散型」である。主な機能は仙台市内の5つのキャンパスに分かれ，さほど大きくはない仙台市の中心部を取り囲むように散らばっている。通常は車を使って15分もあれば行き来ができる。実習施設などの例外を除き，キャンパス間の距離が運営の障害として意識されることはほとんどない。本部のある片平キャンパスと入試センターの位置する川内キャンパスも，車で10分以内の距離感覚である。

　ところで，東北大学入試センターは学部入試全般を所掌し，形式的には大学院入試にも関与することになっている責任重大，かつ，実務負担の大きな

部署である。それにもかかわらず，学内的な組織上の位置づけはそれに見合うものではない。高等教育開発推進センターの1部門である高等教育開発部，さらにその1セクションである入試開発室の業務センターという立場なのである。入試開発室は筆者自身を含めて専任教員3名の小さな所帯である。当然，入試の実務は実行部隊としての全学的な委員会組織と，各部局に設けられている学部入試に関わる委員会，そして，裏方を担う教育・学生支援部入試課によって運営されている。すなわち，実務上の大きな実体に対して，掲げられている看板が著しく小さいという珍しい組織なのである。

状況が少しずつ見えてきて，自分たちがその場でやるべきことが明確になった。まずは，翌日の試験を取りやめることを決め，それを受験生に知らせなければならない。試験前日ということで，会場下見に来ている者もいたが，地震が発生した時間帯にはほとんど残っていなかった。

受験生に対する現場での対応は皆無ではなかったが，避難誘導に大きな労力を割くほどではなかった。後期日程実施学部の責任者も入試センターに駆けつけ，翌日の入試が予定通りにできないことの確認を求めてきた。至極当然の行動なのだが，1つ大きな問題があった。翌日の個別試験を強行できないことだけは明らかなのだが，誰の責任でその決定を行ってよいのかが分からない，ということである。発表の仕方にも神経が必要だった。「延期」と表現すれば「代替日を決めて後日実施する」と受け取られるだろう。「中止」と表現すれば，「個別試験はとりやめになり，今後も行われない」という意味に取られるかもしれない。

入試センター長が駆けつけて来た。とりあえずは，入試センター長の権限で，予定されていた翌日には入試を行わないことにすること，今後のことは後日協議をして発表することが決められた。その旨を大学の執行部に伝えなければならない。しかし，道路はすでに大渋滞，車を使うことはできない。混乱の中，入試課長がとりあえず翌日の個別試験中止の決定について承認を取りつけるため，片平キャンパスにある大学本部に自転車で向かって行った。

後で分かったことだが，実施本部長となるはずだった教育担当理事は，地震発生時点では大学本部にいたらしい。即座に災害対策本部を立ち上げ，陣頭指揮に当たっていたようだ。当時の状況からみて，ことの軽重を判断した場合，翌日の入試といった些事に関わる余裕がなかったということは，十分

に理解できる。通常であれば，会議のためにわざわざ足を運ばなくとも電話1本のやり取りで済む話でもある。また，通信機能がマヒしていたとしても，同じキャンパス内であれば，歩いて数分で往来できる。

　しかし，今回のケースでは実質的な距離と組織上の問題が重なり，何とも現場で動きにくい状況が生まれてしまった。「大学にとっての学部入試」とは何か，ということの認識の共有は重要な課題だと思われる。入試は世間一般から見て分かりやすい大学の表看板である。上手く行って当たり前，ほめられることはない。問題が起こったときにはよく目立つ。処理を誤ると後に長く尾を引き，組織に傷が付く大問題となる。宮城農業のケースでは，教職員の間でその共通意識が徹底されていた。大いに見習うべき部分があると感じる。後期日程試験が予定通りに行われるか否かは，言うまでもなく翌日の受験生にとって極めて重要，かつ，必要な情報である。ただ，今回のケースではそれ以上の意味が込められていた。電池でも作動する携帯用ラジオが用意された。断片的ながらも震災に関する情報が入ってくるようになった。その内容は，周囲の状況から推し量ることができる範囲をはるかに超えた，想像を絶するものだった。大学のサーバも停止しているようだった。「外の世界」から見たとき，東北大学は壊滅したと思われている可能性があると考えた。したがって，この大災害の下で入試中止情報の発信を行うことは，大学が依然として無事に存在し，機能していることを示す唯一の「生存情報」になるのではないか，そう考えるに至った。

　実際に着手できたことは以下の3つであった。最初に行うべきことは極めてアナログな作業であった。それは試験場に翌日の入試が中止である旨の掲示を出すことである。万が一，予定通り受験のために試験場に来る受験生がいるとすれば，彼らには確実に「中止」を伝えなければいけない。しかし，個別対応に割り当てるだけの人員はない。掲示は絶対に必要だった。入試課職員の動きは実に俊敏であった。模造紙に手書きという形ではあったが，比較的簡単に掲示はできあがった。

　2つ目はマスコミを通じて入試の中止を公表してもらうことであった。メディアによる発信は，大学の「生存情報」として重要だと感じられた。この点では大学の事務組織の通常のラインが機能した。担当部署である広報課がマスコミとのコンタクトを失っていないという前提ではあったが，入試課長

が本部に顔を出すときに広報課を通じてマスコミに知らせてもらうように依頼すればよい。しかし，平常時であればともかく，人命の根幹に関わる重要な情報が飛び交う状況で，たかだか一大学の「入試」という人の生死に一切関わらない内容が，メディアに載せてもらえるとは思えなかった。

ところが，後日人づてに聞いたことであるが，震災当日すでに，東北大学の入試中止の情報もニュースとして流れていたとのことであった。筆者個人の意見としては，緊急時の情報発信のプライオリティとして大いに疑問を感じるところだが，大学入試がいかに社会的に重大関心事と思われているかを端的に示すエピソードである。

3つ目，これが最も重要であり，同時に実施困難なものであった。それは，入試の中止情報を個別の受験生に届けることである。平成20年度（2008年度）入試の天候によるアクシデントの際のように，通常の意味での確実性を担保しつつ，一人ひとりの受験生にコンタクトを取るのは不可能だった。入試課職員の誰かが知恵を出したのだと思う。大学に関する情報を発信する民間サイトの携帯用の掲示板を利用することになった。東北大学のページに「入試中止」の情報をアップするのである。この方法は，受験生の多くに情報を届けられる可能性があるのみならず，東北大学が「外の世界」に発信する「生存情報」として確実に機能するという利点もあった。

ここで大きな威力を発揮したのが，筆者が所有するノートパソコンであった。日頃から出張が多い生活をしているので，出先でのメールのやり取りと持ち込み仕事は日常である。パソコンの内蔵バッテリーは常に予備を用意して持ち歩いている。また，プリペイドのデータ通信も必携アイテムである。不十分ながらも，電車で移動中にポータルな仕事環境を作ることができる。先述したように，震災は日帰り出張から仙台駅に帰りついた時点で発生した。通常であれば，新幹線の中でパソコンを開けて何らかの作業をしてきたところであった。ところが，なぜかこの日に限っては車中で仕事をする気にはならず，パソコンは東京から閉じたままであった。バッテリーも1本は半ば使用された状態だったが，1本はフル充電されている。データ通信も機能していた。

夕刻が近付いてきた。停電は続いており，それが早々に復旧するとは考えられなかった。日没前には作業を終わらせなければならない。大きな余震も

頻繁に起こっている。寒さのためか，それとも余震への恐れのためか，担当する入試課職員の指先は，肉眼ではっきり分かるほどに震えていた。データ通信をつなぎ，半ばまで作業が進んだときに余震が来る。その都度，急いで建物の外に退避するが，通信が切れてしまう。もう一度最初から作業をやり直さなければならない。それを何度繰り返したことだろうか。懐中電灯で手元を照らしながらの作業となった。辛うじて翌日の入試中止のメッセージを携帯サイトにアップし終えたときには，戸外はかなり暗くなっていた。

　もう1つ，大事な作業が残っていることに思い至った。今後の対応に関する段取りである。とりあえず，翌日の入試実施が不可能なことは明らかであった。しかし，その後は何をすべきなのか。大学で独自に何を決めてよいのか，判然としない。とにかく，監督官庁である文部科学省に連絡を入れておいた方が，後々，面倒なことにならなくて済むだろうと考えた。電話もFAXも通じない。デスクトップのパソコンも電源が入らないので，頼りになるのは筆者が所有しているノートパソコン1つということになる。とりあえず，筆者のメールソフトを使って入試課長から文部科学省の担当者にメールを送り，指示を待つこととした。

　これにて思いついた範囲で当日できることは全てやり終えた。翌日11時に駆けつけられる者が同じ場所に集まる約束をして，その日は解散となった。筆者は帰りがけに入試センターの建物に戻り，研究室に入った。書棚から本が落ちて散乱し，ぐちゃぐちゃになっていた。何とか机にたどり着いて引き出しを開けた。その中から分析用に借用していた過去の入試データが入ったハードディスクを取り出した。万が一，大きな余震が来て建物が崩れてもデータだけは残しておかなければならないと考えたからである。「それに，どこかで何かの役に立つかもしれないし……」漠然とそう思った。

3．その日の夜の出来事

3.1.　帰宅

　帰宅の途についたのは，午後6時頃であっただろうか。陽は完全に落ち，周囲は暗くなっていた。道路は大渋滞である。歩いて自宅に向かうしかない。しかし，筆者はその点では相当に恵まれた条件下にあった。それは，通勤用の自転車を手にしていたことである。入試課にストックしてあった携帯用の

使い捨てカイロを分けてもらって自転車にまたがり，自宅に向かった。筆者は仙台という街がかなり気に入っている。理由の1つは，その空間的なゆとりにある。大きな祭などの，例外的にたくさんの人が集まるイベントを除き，好きな方向で好きな速度で歩いても他人の迷惑にならない。そうかと言って，さびしくなるほどに人がいないわけではない。その適度な「ゆったり感」が仙台の街の雰囲気を作っている。

　さすがにこの日はそういうわけにはいかなかった。信号が消えた車道は車が詰まって動けない。ただ，歩道は自転車にまたがっても前に進むことができた。なぜか，ところどころに信号機が点灯している交差点もあったが，基本的に周囲は真っ暗である。人の気配は分かるが道路の細かい状況までは分からない。その中で自転車をこぐのは無謀だったかもしれない。仙台駅付近が通行不能になっているとの情報が入ってきたので，駅を迂回して，自宅へと続く東北地方太平洋沿岸の大動脈国道45号線に入ってしばらくした頃であった。後輪が溝にはまった。バランスを失い，身体が思い切り左方向によれた。福引の景品で当たった自転車なのでお世辞にも頑丈とは言えない。後輪が曲がって動かなくなってしまった。仕方なくブレーキを引きちぎった。タイヤがフレームに当たってまことに具合が悪いが，全く動かないわけではない。力を入れてこげば，歩くよりはましであった。

　後日談であるが，震災から約2週間後，まだ生活インフラがほとんど戻っていない時期に，自宅近くの自転車店が開いているのを見つけて応急修理をしてもらった。老夫婦で経営している小さな自転車屋さんである。持ち合せの部品を使って前はマウンテンバイク，後ろはスポーツタイプの車輪という世界で1つの珍妙な自転車になった。商店にはほとんど商品が入って来ていなかった。購入できる食料品は乏しかった。修理の代金に加え，お礼にインスタント食品を届けた。感謝された。後日，部品が入荷したら教えてもらうことにした。しかし，未だに連絡はない。自転車はしばらくそのままにしておこうと思っている。ある意味，筆者だけの震災モニュメントである。

　地震直後に家族に携帯メールを打ち，妻からは返信があったので妻の無事は確認していた。しかし，その後は連絡が取れていない。高校生の一人息子からは連絡がない。さほど本気で心配していたわけではない。「マメに返信をよこすタイプでもないし，万が一，行方が分からなければ妻が必死に連絡

を取ってくるだろう。何も連絡がないのだから，おそらく息子は妻と一緒にいるのだろう」と考えた。「自宅に行けば何か手がかりがあるはずだ」とも思った。

　携帯が鳴った。電話の主は大阪にいる友人であった。何度も連絡を試みて，ようやくつながったらしい。彼女との縁も奇遇である。元々は同じマンションの住人であった。子ども同士のつながりもあり，家族ぐるみのお付き合いをさせていただいていた。ご主人の転勤で遠くに転居してからも何かと心配してもらって互いに連絡を取り合っていた。最後の連絡は前々日の地震のときにパソコンにいただいたお見舞いメールであった。ふと思い立って自分の携帯電話のメールアドレスを連絡しておいた。それが早速役立った。会話と同じ内容のメールが届いた。2日後，津波警報騒ぎの際に妻とはぐれたときにも，彼女が中継して連絡を試みてくれた。妻の携帯電話の電池がなくなったこと，最後につながったときに避難所の場所を告げて電話が切れたことを教えてもらった。ただ，伝えられた避難所の位置が自宅からやや離れたところだったことが少し引っかかっていた。

　帰宅途中の街の様子は意外と平穏だった。ビルのガラスが壊れて通行に注意が必要な場所があったものの，火災や倒壊した建物はなかった。通勤に使っているローカル線で自宅まで3駅くらいのところまでたどり着いた。異変を感じたのはそのときである。普段は感じたことがない異臭が漂い始めた。海の匂い，磯の香りである。それまで，情報としては頭に入っていた津波の話だったが，このときになって初めて自分自身にも関りがある問題としてリアルに迫ってきた。

　最寄りの多賀城駅のひと駅前まで来た。駅前の交差点には水に浸かった痕跡があった。さらに進んで行くと進行方向から戻ってくる一群の人たちがいる。「この先は通れない」というようなことを口々に言っているようだった。自宅まであと5分。とにかく前に進むことにした。

　途中，途中，車が道端に止まっている。高速道路の高架下まで来たとき，文字通り，茫然とするしかない光景が広がっていた。車が道をふさぐように列をなしていた。なぜか整然と一列に並んで積み上がっているように見えた。それでも不思議なことに引き返そうという気が起きない。車と車の隙間をくぐって行けば，その向こうには見慣れた日常が広がっているような気がして

いた。

　現実を受け入れるのに時間はかからなかった。その先が津波でやられていることに疑いはなかった。何とかして自宅に向かうルートを見つけなければならない。自宅はマンションの1階である。まさか，とは思うが自宅は果たして無事なのだろうか？　一抹の不安を覚えた。自宅が国道から見て内陸寄りにあることは良い材料だった。とにかく，何が何でも我が家に帰らなければならない。普段，車でよく通る交差点はたっぷりと水に浸かっていた。強引に突っ切ろうと試みたがさすがに無理だった。寒空の下，身体を濡らすのは危険である。濡れないようにと心がけてきたが，ついにくるぶしまで水につかってしまった。それでも，空腹も寒さも感じないようになっていた。

　適当に路地に入り，通りかかった小学校は避難所になっていた。年配の男性が付近の道路地図を前に，張り切って道案内をしていた。電話で家族が避難していると聞いた中学校までのルートを尋ねてみると，今，水に浸かって引き返してきた道を教えてくる。「自分の目で確かめてきたのか？　いい加減なことを言うな！」本格的に口論になりそうになったが，ぐっとこらえてその場を離れた。今日はここに泊まることになるのだろうか？　それは避けたかった。今日中に家族を探し出したいと思った。ともかく，仙台方面に戻って行けば，何とか自宅へのルートを見つけることができるかもしれない。そう思って避難所を後にした。

　迂回ルートは意外と簡単に見つかった。500mほど戻ったところの道は無事だった。頻繁に車も通行していた。人も歩いていた。暗かった。どこにいるのか分からなかった。壊れた自転車で人を避け，車をかわしながら，片道1車線の狭い道を進むと，ようやく見慣れた風景に出会った。高速道路，鉄道，そして川にかかっているアーチ形の大きな橋を越えるとその先に自宅がある。人通りは全くなくなっていた。壊れた自転車を押しながら橋の中央までさしかかった。1人の老婦人が椅子に腰をおろしていた。いったん通り過ぎたが，やはり気になる。戻って話を聞いてみた。仙台の街中から4時間かけて歩いてきたという。ご自宅の住所を尋ねてみた。近所ではあったが，私の自宅とは方向が違う。申し訳ないけれど……，とポケットに入っていた使い捨てカイロをお渡しして別れた。

3.2. 石油コンビナートの爆発

自宅近くの中学校の前を通り過ぎた。真っ暗だった。道路には人っ子一人いなかった。マンションにたどり着いた。もぬけの殻，という表現が適切かどうかは分からないが，70戸あまりの自宅マンションにも全く人の気配がしなかった。

自転車から電池式のライトを引きちぎり，懐中電灯代わりに使うことにした。我が家の玄関には「避難完了」と書き記したマグネットが貼られていた。鍵を開け，自分の部屋に入り，濡れた靴下だけは取り換えた。退避すべき住宅に長居をしてはいけない気がした。ライトの光が気になった。「避難しているはずの家から明かりが漏れているのはまずいだろう」と思った。いずれにせよ，これから家族を探さなければならない。避難所として告げられた中学校の場所は正確には記憶していなかったが，駅を越えた向こう側にあるはずだ。駅まで行けば，自宅から最寄り駅までの通勤に使っているシティサイクル，いわゆる「ママチャリ」が置いてある。

自宅前の通りでは，筆者はただ1つ，光を放ち，動きがある存在だった。音は何も聞こえない。津波が運んできた海の匂いもそこまでは届いていなかった。最寄りの多賀城駅まで10分ほどの道のりに全く人の気配がしないのが，異様と言えば異様であった。

駅は仙台港まで直線距離2 kmほどの位置にあり，仙台港側に面した駅の表側には，線路に沿って砂押川という二級河川が流れている。駐輪場は駅の表側にも裏側にもあるが，筆者は自宅に近い駅裏の駐輪場を利用している。「懐中電灯」を手に入れておいたおかげで，自転車はすぐに見つかった。不思議なことに，自転車は朝置いたかたち，そのままでそこにあった。あれだけ揺れに揺れた後なのに倒れもしていなかった。「この付近ではさほどの被害はなかったのかな？」そう思った。実際には，津波は駅の直近まで迫っていたのだ。砂押川の堤防が防潮堤の役割をして，津波が川べりで止まっただけのことで，津波に飲み込まれるまで紙一重であった。

駅を越えて川の対岸に行けば凄惨な光景が広がっていたはずだった。筆者はその惨状を2日後まで知らずに過ごすこととなった。あと1ブロック先を通っていれば状況が分かったはずだったのに，何の偶然か，ママチャリを頼りに筆者が家族を捜しまわったルートは，津波の被害があった場所をきれい

に避けていた。暗闇の中，依然として街はひっそりと静まり返っていた。

　おそらく，午後8時から9時の間の時間帯だったのではないだろうか，連絡された中学校にたどり着いた。そこには人影はなかった。1人だけ校舎の前に立っている人を見つけた。状況を尋ねてみた。いったんは避難所になったが，津波の危険があるので，夕刻になってすぐ脇の坂を上ったところにある小学校に避難者が移されたという。本当は遅くともここで気付くべきだっただろう。筆者の息子がかつてお世話になった多賀城市立の中学校は，自宅から歩いて5分と離れていない。家族は自宅に最も近い避難所にいるはずだったのだ。それが思い浮かばなかったのは大いに反省すべきところである。

　危機管理の原則からすると，危機に際して，情報は正確さよりも迅速さが重要だという。情報を届けてくれた友人に責任はない。少なくとも「妻が無事である」いう情報は確実に届いていたのだから。錯誤の原因は以下の2点に集約される。1つは，不確実かもしれないと疑ってしかるべき伝聞情報について，合理的に疑う姿勢に欠けていたことである。緊急時にギリギリの状況で，叫ぶようにして告げられた言葉を聞き違えることは大いにあり得る。それなのに，はなから完全で正確な情報だと思いこんでしまい，疑問を感じるべき心のセンサーが作動しなかった。

　もう1つは，家庭人としての努力不足であろう。すなわち，自宅における緊急避難体制に関する理解がいい加減だったことである。知識としては，最寄りの中学校が避難所となるかもしれないことは知っていたはずだった。しかし，日常からそれを真剣に心に刻み込んでおく心構えがあったかと言われると，言い訳できないものがある。何となく「津波の危険が迫って，今回の場合は避難所から外れたのだろう」などと都合のよい合理化をして，理解していたかもしれない。少なくとも，自宅に向かっていたときに，念のために立ち寄って中を覗いておくべきだった。幸運にも，この思い違いによって何らかの被害が発生することも拡大することはなかった。逆に，貴重な経験にもつながった。それはそれでよしとすべきだが，厳しく捉えるならば，極限の状況下での思いこみや確認不足は，容易ならざる事態を招く危険性がある。首尾よく済んだのは結果論にすぎないと考えるべきだと思う。

　多くの人が，高台にある小学校の体育館に避難していた。非常用の自家発電機が動いているようで，そこだけ明かりが煌々としていた。避難者に食糧

が配給され始めたタイミングのようであった。やや殺気立った雰囲気があった。多少の躊躇を感じつつも，拡声器を持って指示をしていた人に家族の名前を呼んでもらった。返事はなかった。

　教室にも避難者がいると聞いた。体育館から本校舎に移った。体育館とは異なり，校舎の中は真っ暗であった。手前の教室の戸を叩いた。小さな子どもや既に横になっている人もいたので申し訳ないと思いつつも，中を「懐中電灯」で照らした。家族の名前を告げ，呼んでもらった。どこにも見つからなかった。いくつ目かの教室で，その場にいた人に大阪の友人からのメールを見せた。「その地区の人はここにはいないはずだ」と言われ，勘違いが明らかになった。

　途方に暮れて校舎を出たのは10時前頃だったと思う。校門の前で，もう一度自宅に戻ったものかどうかと思案をしていた。そのとき，突然，背後から「ボン」という花火に近い，しかし，若干こもったような爆発音が聞こえた。

　振り返ってみると，漆黒の闇にこれから吹きあがろうとする丸々とした炎のかたまりが見えた。一瞬，我が目を疑った。映画の１シーンに迷い込んだのではないのかと感じた。続けざまに爆発音がした。６〜７ヶ所，その周囲に同じような爆発が起こったのを目撃した。またたく間に大きな１つの炎の塊ができた。暗闇で方向が分からない。実際には，２kmほど離れた場所だったようだが，すぐ目の前のような感じがした。なぜか，「多賀城駅が火を吹いた」と思った。子どもの頃ラジオで聞いて怖い思いをした新潟地震[8]の話が思い浮かんだ。「結局，火事で死ぬんだな」と思った。とにかく，自転車をこいで，火と反対の方向に走った。あてはなかった。漆黒の闇の中，道も方向も皆目見当がつかなくなっていた。

　ふと気付くと，よく知っている大通りに出ていた。国道45号線である。火災の方向を確認すると，最初に思い込んでいた多賀城駅方面ではなく，海寄りの方向に見えた。仙台港には石油コンビナートがある。「コンビナートの石油タンクが爆発したらしい」と気付いた。

　とりあえず，先ほどは通り過ぎてしまった自宅近くの中学校に向かうことにした。校舎の中まで入ってみると，そこにも多くの人が避難していた。片っぱしから教室の戸を叩いて探し回った。いくつ目であろうか，同じマンションに住む顔見知りの人に声をかけられた。誰かが体育館で妻子を見かけ

たらしい，という話を教えてくれた。お礼もそこそこに教室を離れ，何とか体育館の場所を探し当てた。妻はすぐに見つかった。これだけ必死で探しまわったのに，それに見合うだけの緊張感が感じられなかった。少し癇に障った。聞くと，帰りがけに目撃した国道45号線の状況は全く知らなかったと言う。息子は妻の横に座っていた。全身から力が抜けた。

3.3. 不安な一夜

　妻が避難所に入ったのは，かなり早いタイミングだったようで，我が家は出入口に近い「一等地」を確保していた。息子にはメールに返信をよこさなかったことについて，とりあえず，一喝した。ただ，事情をよく聞いてみると，息子は息子でくるぶしまで水に浸かりながら必死で自転車をこいで自宅に逃げ帰ってきたのだという。ともかくは無事を喜んだ。

　同じマンションに住む2家族が一緒にいた。見知った顔は心強かった。このとき，初めてネクタイをしたままだったことに気付いた。やはり，普段の感覚ではなかったようだ。外そうとしたが，中々上手く外せない。こういうときはそういうものなのかもしれない。場が少し和んだ気がした。

　避難所に「帰宅」してからも筆者の仕事は残っていた。それは，文部科学省からのメールを受信することである。パソコンの電源は貴重であった。「自分のものであって自分のものではない」と思った。翌日はこのパソコンの通信機能が威力を発揮するだろうと考えたからだ。できるだけ，バッテリーを節約しなければならない。

　通信ソフトを起動させ，メールソフトの受信トレイを見た。文部科学省からのメッセージが届いていた。「文部科学省としても情報収集中であり，後期日程試験に関する指針を出す予定はない」との内容であった。入試課長にその旨を携帯メールで連絡し，ようやく，その日の仕事が終わった。自分に対する安否確認のメールも何件か入っていた。返事はそこそこにして，貴重なパソコンの電源を落とした。

　実は，このとき，筆者の親しい知り合いに大変な迷惑をかけていたことが後になって判明した。内蔵バッテリーの残量を気にするあまり「自分は無事」ということ以外，誰にも詳しい状況を伝えていなかったのだ。

　災害の現場には断片的な情報しか入って来ない。この震災の全体像がどれ

ほどの規模であり，そのことを周囲がどのように認識しているのか，全く分からなかったし，そのことに気も行っていなかった。この時点では津波の映像もほとんど目にしていなかったので，周囲がどれほどの切迫感を持って心配してくれていたのか，考えが及ばなかった。

　この日，筆者が東京に出張していたことは，仕事関係者にはよく伝わっていたようだった。どこにいるのか？　家族は無事なのか？　自宅は大丈夫なのか？……筆者の自宅住所を調べ，被害状況と照らし合わせてくれた人も多かったようだ。数多くの友人，知人に大変な心配をかけていたことは，しばらく後にようやく分かった。この場を借りて，心にかけていただいたことに関する感謝と無用な心配をさせてしまったことに対するお詫びの気持ちを改めてお伝えしたい。

　こういった非常時には，自分や関係者はどこにいて，怪我をしているのか無事なのか，周辺の状況はどうなっているのか，というような詳細で具体的な情報を最低1人には伝えておくべきだと悟った。誰か1人が情報を把握していれば，そこから他の知り合いへの伝達を頼むこともできる。

　一方，監督官庁や関係諸機関からの連絡や問合せ，指示には入試課の担当者は相当に閉口したようだった。ようやく電気が復旧し，パソコンメールの機能が回復した時点で受信トレイを開いてみると，多種多様な内容の報告を求める連絡が山のように入っていて，その多くはすでに設定された回答期限も過ぎていたそうである。

　大規模災害の被災地は大混乱している。そもそも，担当者自身の身体，財産，その他にダメージが及んでいるかもしれない。無事であっても，日頃簡単にできることができなくなっている。処理できる仕事も効率は著しく落ちてしまう。まして，日常業務以上の付加的な業務への対応は，あまりにも大きな負荷がかかる。優先的にやっておかなければならないことも多い。手は足りない。「外の世界」にいると，被災地の現場の状況が見えないのはよく分かる。しかし，報道では嫌というほど被害状況が流れていたはずなのだ。他人事ながら，さすがに気の毒に思った。もう少しの思いやりと想像力が働いて欲しいものだと感じた次第である。

　避難所にはラジオがあった。断片的にニュースが入って来る。どこか遠くの街でもコンビナートが爆発し，火災が起こっているらしかった。しかし，

多賀城の話は流れて来ない。避難所では誰も石油コンビナートの爆発の話は知らないようだった。もしかすると，他により被害が大きい場所があるために，我々にも危険が迫っていることは「外の世界」には知られていないのではないか，そう考えたりもした。

後から思い返すと非常に恥ずかしくなる言動がいくつも思い当たる。非常時ということで許されるものかどうかは分からない。他のことは省略するとしても，このときのことだけは正直に記録しておきたい。

筆者は妻に車の状況とガソリンの残量を確認し，「この避難所は危険だから離れよう」と提案した。妻の方がよほど冷静であった。「危険が迫っているのならば，避難所の管理者が把握しているはずだし，自分たちだけ勝手な行動は許されない」と説得された。それは，結果的にきわめて正しい判断だった。

体育館には全員が横になるスペースはなかった。妻と交替で横になってウトウトとするものの，長くは眠れず，頻繁に目が覚めた。身体は十分に疲れているので，眠りに入ることはできるが1時間おきに目が覚める。トイレに行くついでに廊下の端まで行くと，3階から炎の上端が見えた。次に起きたときには，2階の窓から炎が見えるようになっていた。幅も心なしか広がっている。「火災が徐々に広がりながら，少しずつこちらに近づいているのだろうな」そう思っていた。

4. 個別試験の中止とセンター試験による合否判定に至るまで

4.1. 避難所からの出勤

夜が空けた。職場に行かねばならない。通常であれば，職場までは自転車と電車を使って1時間弱というところだろう。しかし，通勤手段はママチャリしかない。車とガソリンは貴重だ。「外の世界」に出るまで，ガソリンの補給は望めないだろう。最後の最後の避難の手段として確保しておかなければならない。ママチャリは歩いて行くよりは相当にましだが，睡眠不足と空腹で体力的にはかなり厳しい。一夜明けて，道路状況がどうなっているのかも分からない。どこかで新たに火災が発生しているかもしれない。職場までは3時間近くはかかるとみておいた方がよいだろう，と考えた。

8時を過ぎた。状況が分かるようになって，妻も漠然と不安を共有するよ

うになったようだった。「どうしても行かなければならないのか」と妻が言う。「仕事だから当たり前だろう」と答えはした。しかし，相当に見栄と強がりが入っていた。なにしろ，明るくなった東の空一面にもうもうと黒煙が広がっている。それを背にして，自転車をこいで行かなければならないのだ。家族を残していくのが心配だった。家族を危険にさらしたままで，自分だけ安全な場所に逃げていくような後ろめたさを感じた。

　しかし，それでも行かねばならないと思った。迷いはなかった。地震の直後，即座に帰宅していたら，この状況の中で出勤しようという発想が浮かんだかどうか。逆に言えば，地震直後の対応に加わったからこそ，現場の状況も職務の重要性も身に染みて理解できたのだと思う。それに，唯一の頼みの綱となる通信手段は自分が握っていると思った。選択肢はなかった。

　通勤途中，身に染みて感じたことがあった。水分補給の重要性である。ポケットには飴が数個，自転車のかごに350mlのペットボトルに入った水が2つ。寒さは大した問題ではなかった。ずっと自転車をこぎつづけていると自然に身体が温まる。むしろ汗をかく。問題はすぐに足がつってしまうことだった。水分が不足すると足がつりやすくなる，という話は聞いたことがあった。しかし，避難所ではなるべくトイレは使いたくないものである。「出を制する」には「入るを制する」が一番。できるだけ水は飲まず，口に入れる食べものも最小限にして過ごした。その判断は仕方がなかったと思うが，体力的には厳しくなった。

　ようやく，前日，自転車の後輪を壊したあたりを通り過ぎた。さらに少し先まで行った。遠くからけたたましい消防車のサイレンが聞こえてきた。見ると，20台ほどの消防自動車の隊列が自分の方に向かってき来て，瞬く間に通り過ぎて行く。消防隊が向かっている先には家族がいる避難所があり，その先には，昨晩，火を噴いた石油コンビナートがあるはずだ。車体には「東京消防庁」と書いてあった。震災以来，現在に至るまで，これ以上に嬉しく，勇気が出た瞬間はない。「自分たちは見捨てられていなかったのだ！」踊り上がる気分だった。

　コンビナート火災がラジオでニュースとして流れたのかどうかは分からなかった。しかしながら，いずれにせよ爆発の事実は「外の世界」に伝わり，だからこそ，そこから助けが来てくれたのだ。高速道路は使えないはずだか

ら，東京から夜通し国道を走って，文字通り駆けつけてくれたのだろう。これは皆に知らせなければ。慌ててポケットに有ったカメラを取り出し，動画に撮影した。「早く職場の皆に見せてやろう」そう思った。

4.2.　予想外の展開

　職場である東北大学入試センターに到着した。パソコンを開いてみた時点で，誤算が見つかった。昨日は活躍したデータ通信が全く効かないのである。入試センター長も同じデータ通信のセットを用意していた。どちらも全く反応しない。おそらく，ローカルな問題ではなく，基地局の機能の問題であろうという推測がついた。固定電話はもちろんのこと，携帯電話も全く反応しない。通信は完全に断たれた。何とか各方面と連絡を取り合いながら物事を決めておこうと考えていた目論見が早くも崩れた。センター試験を利用する入試の場合，大学入試センターと情報のやり取りをしながら様々な判断をする。この段階では，大学入試センターとの通信回復も難しいように思われた。

　ただし，同時に嬉しい誤算もあった。電源が確保できたのだ。入試課長が守衛室にかけ合い，貴重な自家発電装置を貸していただけることになった。「入試のため」という大義名分が利いたのであろう。これで，当面，電源の心配はなくなった。

　この条件の下でできることは何か。電気，水道，ガスといったライフラインは全て断たれている。通信も壊滅している。まして，交通インフラはどこまで破壊されたか分からない。仙台港も仙台空港も津波でやられてしまった。受験生の安否は非常に気になるが，それも分からない。もしかすると，入試どころの騒ぎではない状況に置かれた受験生も多数いるのかもしれない。大きな余震が来て，さらに大きな被害を受けるかもしれない。例年通りに個別試験を実施するのは到底不可能だと思われた。よしんば，大学として入試実施の体制を整えることができたとしても，受験生の交通手段が確保できる見通しもつかない。受験生の安全確保が可能かどうかも分からない。こんな状況で入試を実施することが社会的に許容されるとは思えなかった。

　1つだけ，恵まれた条件があった。それは，大学入試センター試験の成績が入手できていたことである。他に手立てがない中では，センター試験の成績は非常に有力な資料であった。例年通りの入試が行えないならば，セン

ター試験成績を主たる選抜資料として合否判定を行うのが唯一考えられる合理的な方法と感じられた。

　前日に持ち出してきた過去の入試データは手元にあった。個別試験を抜きにして，センター試験で選抜を行ったとすれば，合格者層はどう変わるのか。どの程度の入学辞退者を見込んで合格発表をするべきなのか。十分な資料とはならないにせよ，そういった判断の基礎資料となる計算は不可能ではない。

　通常の状況から考えると相当にもたついている感覚があった。時間がかかった。しかし，何とか基礎資料を作成することができた。プリンターは使えないので，計算結果を手書きでホワイトボードに写して，検討を加えた。

　暗くなる時刻よりは，かなり前に結論が出た。入試センター長が検討結果を災害対策本部に具申し，他大学の意思決定に関する情報収集を行いながら，最終的な結論を出すこととなった。翌日は日曜日でもあり，次に召集されるまで自宅に待機することとなった。

　帰り道，黒煙に向かって自転車をこいで行くのは，むしろ嬉しかった。家族と一緒にいたかった。危険があるのならそれを分かち合いたかった。戻ってみると，避難所に大型テレビが設置されていた。より詳細に情報が入るようになってきた。

4.3.　再び津波警報発令

　翌日，3月13日の日曜日の朝は温かく穏やかな晴れの天気だった。息子を連れ出して，自転車で近所を回ることにした。万が一の避難ルートの確認と被害状況の把握をしておきたかったのだ。

　まず，多賀城駅に向かい，駅の表側の様子を見に行くことにした。砂押川は，多賀城駅の付近から河口まで少なくとも2km以上の距離があるはずだった。ところが，河口から遡上してきたとみられるプレジャーボートが，駅付近で裏返しになっているのが目に入った。信じられなかった。

　その先は，さらにひどいことになっていた。道路は泥だらけで，道端には壊れた車が何台も寄せられていた。ただ，すでに重機が入って整備がなされていたらしく，道の真ん中は，車が通行できる程度の幅が確保されていた。しかし，とてもとても，その先まで様子を見に行く気にはなれなかった。

　取って返して，付近の一番高い場所を確認することにした。さらに大きな

津波が襲ってきた場合の緊急避難場所を確認するためである。その途中，石油コンビナートに勤めている知り合いが犬の散歩をしているのに出会った。家族ぐるみで付き合いがある方なので，携帯メールで無事は確認していたのだが，顔を見て本当に安心した。震災直後の職場からの脱出の話を聞くと，まさにアクションドラマさながらであった。「九死に一生」とはこのことであろう。筆者の何となく間が抜けた「冒険談」とは緊迫感が全然違う。よくぞ無事でいてくれたと思った。一昨日の夜に目撃した爆発はアスファルトの材料で，石油系統のものではないので相対的に危険は少ないということだった。さらに，燃えながら海側に流出したので，こちら側に延焼する可能性は低いということだった。多少は気が落ち着いた。

　避難所脇の坂を上り切った地点が，近辺では一番高い場所のようだった。坂の頂上付近はコンビニエンスストアの駐車場となっていて，スペースもある。万が一のときは，その場所を目指して逃げることに決めた。

　今度は妻と一緒に一時的に自宅に戻ってみた。避難所のトイレは，皆，きれいに使おうとしているものの，水が出ない中ではどうしても限界がある。時折，男手で一斉に屋上のプールからバケツで水を運んで行ったが，目に見えて衛生状態が悪くなっていくのが感じられた。トイレはできるだけ自宅で使った方がよい。自宅は1階にあるので，裏に小さな庭があった。そこに野良猫が寄ってくるので，妻が猫よけに何十本というペットボトルに水を入れて庭に並べていた。それが功を奏した。当面，節約しながらもその水をトイレに流せばよいだろう。

　冷蔵庫を開けてみると，意外にも冷気が漂ってきた。冬で気温が低かったことも幸いしたが，製氷皿に残っていた氷と冷凍食品が威力を発揮していたようだった。冷蔵庫の中の食品は想像以上に大丈夫のようだった。「外の世界」から物資の供給があるまでは，手元にある貴重な食糧を無駄にすべきではないと思った。

　避難所は徐々に体制が整い始めていた。名簿が作られ始めた。時折配給があるが，十分な量ではない。当然のことながら，小さな子どもやお年寄りが優先である。長い時間，自宅にいるわけにはいかないが，自宅の冷蔵庫にあって調理が不要なものを少しずつ食べることにした。妻と交替で息子を自宅に連れて行った。ペットボトルに付着した泥を雑巾でふき取るように命じ

て，避難所に戻った。

　しばらくして，避難所の外の異変に気がついた。中学校の敷地はなだらかな坂になっているが，人々が次々と列をなしてその坂を上って行く。妻が知り合いを見つけ，何が起こっているのか尋ねた。そうすると，再び津波が襲来し，砂押川の堤防が決壊したという。決壊箇所は分からないが，危険が迫っているので高い所に退避するように，との指示が出されたとのことだった。ほぼ同時に避難所にも一報が届いた。3階への退避指示が出た。

　筆者は指示を無視し，避難所の外に出て必死の形相で自宅に向かって駆け出した。背中に担いだ避難用品と一緒のパソコンが重かった。一瞬，ここで放り出してやろうかと思った。振り返ってみても妻はついて来ていなかったが，気にする余裕などなかった。何も知らない息子が自宅にいる。寒いので窓は全て閉じたままである。防災無線が聞こえるとは思えない。ペットボトルを拭きながら息子が死にでもしたら，それこそ自分の責任だと思った。

　玄関の扉を開け「津波が来る，逃げろ！」と怒鳴った。手元の荷物を持ってついて来るように命じた。朝，下見をした通りに坂の上に駆け上った。息が切れ，目が回った。「もし，ここまで水が来たら，向かいの建物の屋根によじ登ろう」と話をした。通りがかりに人に声をかけられ，状況を尋ねられた。聞いていた通りの津波情報を教えた。情報提供のお礼として飴などをいただいた。素直に嬉しかった。

　1時間ほど経った頃だろうか，相変わらず人通りは頻繁にあったが，行き交う方向がランダムになってきた。緊張感も感じられなくなった。はっきりとは分からなかったが，結果的に誤報のようだと判断した。何やらホッとすると同時に，トイレに行きたくなってきた。坂を下りて自宅に向かう途中，声をかけられた。息子の小中学校時代の同級生の母親だった。ご自宅に招き入れていただき，トイレを貸してもらった。普段とは違い，汲み貯めておいた貴重な水を分けていただいたのと同じことである。炊き出しとして用意されていたおにぎりも分けていただいた。さらに，緊急時には連絡先となってもらうことまで引き受けていただいた。人の情けのありがたさが全身に染みわたった。

　午後，入試課長から携帯電話にメールが届いた。翌日11時から片平キャンパスで実施本部会議とのことであった。近々，ライフラインが戻ることを前

提として，個別試験を実施することを検討するのだという。仙台空港，仙台港は津波で壊滅，石油コンビナートは火災で壊滅，食糧やガソリンの供給も断たれている。これに大きな余震が追い打ちをかける可能性もある。新たに火事が起こる危険性も高いと思われた。「近々，ライフラインが戻る」という「想定」が飲み込めなかった。

4.4. 一転……そして決着

　翌，3月14日（月）の早朝，まだ暗い時刻に街灯が灯っていることに気づいた。夜が明け，周囲が明るくなるまで待って，妻と一緒に通りに出た。確かに電気が戻ってきていることを確認した。飲み物の自動販売機も稼働していた。家族の分，一緒に避難している人の分の温かい飲み物を購入して避難所に戻った。

　出勤のために身支度をしに自宅に寄った。今回は息子の自転車を借りることにした。3段変速である。ママチャリよりはずいぶんと具合が良い。出かけようとした直前，妻からの伝言で風呂桶に水をためておくことになった。上水道が破壊されているので通水はないはずだったが，マンションのタンクに溜まった分が残っていたらしい。電気が通ればポンプが動く。タンクの水がなくなるまでは水道が出るかもしれない，とのことであった。自分では思いつかなかったので，妻の機転に救われた形である。風呂桶が満杯になった頃，再び蛇口からは一滴の水も出なくなった。

　自転車で約2時間弱の行程の半ばを過ぎた頃，入試課長からのメールが入った。「個別試験の実施は4月上旬，出勤には及ばず」との内容だった。ここまで来たのに引き返すわけにはいかないと思い，そのまま大学本部のある片平キャンパスに向かうことにした。仙台中心部を通った。閑散としているが，津波の危険も火災の危険も全く感じられなかった。多賀城に比べると別世界のように平穏である。本部に顔を出すと会議室に招き入れられた。すでに結論は決まっていて，発表のための文言の調整が行われた。

　会議の後，川内キャンパスの入試センターまで足を伸ばした。主だった入試課職員は出勤していた。大学として個別試験を実施するとの発表があった以上，その時点で自分ができる仕事は何も思いつかなかった。箱単位でペットボトルに入った飲み物を買いこんでいて，それが合同研究室に置いてあっ

たことを思い出した。供出して入試課の皆に使ってもらうことにした。

　避難所に帰った。食糧の供給状況がかなり改善されていた。外からの援助物資が入って来るあてはなかった。しかし，わずかな量ではあったが近所の被災したスーパー，菓子店から，被災を免れた倉庫に残った商品が時折提供されるようになっていた。この時期，各地域の避難所では相当に条件の違いがあったのではないかと思う。多賀城市は仙台のベッドタウンであり，比較的都市インフラが整備された地域である。孤立した状況で公的な備蓄に限度があったとしても，民間のリソースが潤沢に残っていた。このとき，避難所でお世話になった店は決して忘れることがないだろう。営業を再開したら，真っ先に飛んで行きたい。おそらく，同じ思いを持つ人は多いのではないだろうか。

　この頃から，福島第一原発の事故がニュースに頻繁に流れるようになった。夜にかけて緊迫した事態の模様が伝わってくるようになった。翌日は，原発事故関連の情報収集で気が一杯になっていた。テレビから入ってくる情報は非常に深刻だと感じられた。携帯メールを使って，原発の問題に詳しそうな知り合いに助言を求めた。

　3月15日（火）の夜になった。避難所暮らしも5日目が過ぎようとしていた。原発事故に即応するためにはできるだけ避難所に残っている方が良いと考えた。しかし，多賀城市で備蓄していた灯油が底を尽き，夜になっても暖房が入れられないと通告された。衛生状態も限界に思えた。朝を待たずに自宅に引き上げることにした。

　次に職場からの連絡が入ったのは翌日，3月16日（水）の夜であった。方針が一転，「後期日程個別試験は中止，センター試験を主たる選抜資料として合否決定を行う」との決定がなされ，すでに発表されたとのことであった。筆者はこの間の経緯については知らない。ただし，後で入試課職員に聞いたところでは，先の発表に対して，復旧していた入試課の電話に問合せや抗議が殺到したという事実もあったらしい。結果的には，この変更が東北大学の名誉を救うことになった。もちろん，その時点で予見できたことではなかったが，4月7日（木）の深夜には，マグニチュード7.4，震度6強の現時点までの最大余震に見舞われた。中には3月11日の本震よりも激しい揺れを感じたという人もいた。広範囲に及んだわけではなかったが，この余震で新た

に大きな被害をこうむった地区もあった。仙台周辺は再び停電，断水に見舞われた。徐々に復旧しかかっていた鉄道も，再び不通となった。個別試験を強行していたら，試験場までたどり着けない受験生が続出して大混乱に陥るのは必定であっただろう。

入試センター長からの電話がようやくつながり，「後期日程試験を実施する予定の学部との連絡のために，翌日は出勤して待機するように」との指示があった。福島第一原発までは約100kmの距離がある。原発が爆発したときによほどの強風がこちらに吹いたとしても，「自宅にたどり着いて最期のときを家族と一緒に迎えることくらいはできるだろう」そんな考えが頭をよぎった[2]。

第4節　教　訓

1．復旧へ

電気，通信の復旧とともに，入試の実務は思った以上に順調に進んだ。当初は不可能と想定していた大学入試センターとのデータの授受も可能となり，個別試験が取りやめになった以外は例年に近い手続きで入試業務を進めることが可能となった。筆者も職責上の役割をこなすために断続的に職場に通った。交通手段の中では，タクシーの復旧が早かった。

筆者の通勤の便宜に関しては，かなり弾力的に対応していただいた。職場で待機していた17日には徐々に天気が悪化した。昼過ぎから横なぐりの雪が降ってきた。自転車を職場で預かってもらい，帰宅のためにタクシー券を支給してもらった。無線による配車は復旧していなかったが，空車で流していたタクシーを簡単に拾うことができた。運転手は，偶然にも同じ多賀城市内に在住の人であった。自宅が津波の被害に遭い，この営業車に寝泊まりしているという。名刺をもらって，何かあったら連絡するという約束を交わした。

帰宅すると，妻が高揚した様子で筆者を出迎えた。仙台市中心部に在住し

2　放射線を大量に浴びて死に至るのは急性放射線障害であり，実際には起こり得ない非現実的な被害のイメージである。不正確な知識は恥ずかしい限りだが，当時の筆者の正直な感覚であった。（編者注）

ている友人から連絡があり，「一家で風呂に入りに来ないか」との招待を受けたという。妻の学生時代からの旧友で，家族ぐるみでお付き合いいただいていた友人である。彼女のお宅の一帯では断水も起こらなかったという。しかも，オール電化住宅なので，ガスの供給がなくとも風呂が沸かせるのだという。ご主人は，まだ一家で避難所のお世話になっていた頃，心配してバイクを飛ばして様子を見に来てくれたことがあったのだそうだ。筆者は職場に行っていたので，そのときには会えなかった。早速，つい先ほど知り合ったばかりのタクシー運転手の携帯電話を鳴らした。1週間ぶりの風呂を堪能し，山ほどたまった洗濯物を片づけた上に温かい夕食まで御馳走になった。往復7,000円以上かけてのもらい湯だったが，豪華な温泉に宿泊する以上の温かさとありがたさであった。

　宅急便が復活した。自宅までの配送はできないが，営業所まで取りに行けば荷物を受け取ることが可能だという。東京に住む妻の叔母がいち早く必要な物資を選んで送ってくれた。19日（土）には営業所に荷物が到着したとの通知があった。このときも先日のタクシーに活躍してもらった。

　震災後は，このまま破滅に突き進んで行くのか，それとも，復旧，復興に向かうのか，ずっと気持ちが揺れ動いていた。1週間ぶりの風呂と温かい食事，そして，「外の世界」から送られてきた支援物資を受け取ったこの瞬間，自分のいる場所が世界とのつながりを取り戻しつつあることが実感できた。そして，初めて「自分たちは元の生活に戻っていくのだ」，そう確信した。

2．パラレルワールド

　震災から1週間ほどの間の出来事を思い返して綴ってきた。職業人としての自分は100％ほめられたものではなかった。同時に家庭人としての自分も100％ほめられたものではなかった。震災後，自分たちは「外の世界」から切り離され，補給のない閉じられた世界の中での耐久消耗戦を強いられていた。さらに，自宅はより危険な場所にあり，職場はより安全な場所にあると感じていた。

　筆者の気持ちの中では，常に「家族を取るか，仕事を取るか」と迫られていた気がする。常に揺れ動く自分がいた。このまま破滅に突き進むのならば，仕事を投げ出し，家族と一緒に「外の世界」への逃避行を企てていただろう。

自分は務めを果たさなければならないとしても，せめて，家族だけは「外の世界」へ逃がすべきかどうか，と考えた。情報は限られていた。その中で的確な判断を下すのは本当に難しかった。実際，4月7日の最大余震の後，妻子は1週間ほど遠く離れた九州の実家で過ごしてきた。ただ，この時期になると生活インフラがかなり改善されており，ガソリンも手に入るようになっていた。食料品なども少しずつ手に入るようになっていた。交通手段も回復してきていたので，「外の世界」への脱出という感覚ではなく，気分的には「帰省」に近かった。

　この間，入試課の職員は，自らの職責を果たすために懸命に働いていた。少なくとも，筆者の目にはそう映った。自宅に幼い子どもを3人も抱えた人，高齢者を抱えながら筆者と同じくらいの遠距離を毎日自転車で通ってきた人，一人ひとりの状況を知り，その心情を思うと本当に頭が下がる。

　受験生の関係者からの抗議の電話の中には，電話で対応している相手が地震で被害に遭った被災地の真ん中にいる「被災者」であり，同じ「人間」であるということを一切配慮していないような内容も多かったという。心の内には，日に日に澱のようにストレスが貯まっていったことだろう。例年の作業に加え，やらなければならない業務は幾重にも増えていった。例年ならば3月末で「区切り」があるが，それもずるずると先まで引きずっていくこととなった。それでも，彼らは耐えた。一切職責を投げ出さなかった。心からの畏敬の念を禁じ得ない。現場はこういう人々の思いと努力で支えられている。もう一度，自らを省みると，襟を正さなければならないという思いが湧き上がってくる。

　一言で被災地と表現するが，その実態には大きな格差がある。そして，それらは交わることがない「パラレルワールド」を形成している。今回の震災においては，津波の被害の有無が大きかった。津波の被害を直接こうむった方々の中には，命が救われたとしても未だに復旧，復興のプロセスに入ることが出来ない人たちもいる。つい先日出会った高校生は，最近になってようやく仮設住宅に当選し，家族と一緒に暮らせるようになったという。しかし，通学列車として使っていた鉄道の復旧は見通しが立たず，毎日，6時半には学校に向かうバスに乗らなければならないのだそうだ。それでも，時間は皆と同じように進む。彼は，その環境の中で勉強を続けなければならない。も

ちろん，それ以上に気の毒な状況の人たちも多いのだが。

　他方，地震による被害を受けたとしても，目前に津波の痕跡がない地域の多くは，ほとんど震災の影響を感じずに生活できるまでに回復してきている。時折，大きな余震があるが，それ以外は震災があったことを忘れて暮らすことさえできるのではないかと思うくらいである。

　筆者自身はその中間にいるような気がする。中途半端な「被災者」である。本当におかげさまで，生命，財産に被った被害はなかった。しかし，自宅を出て少し歩けば，瓦礫の山が見えてくる。海の方へ行けば，津波の爪痕が色濃く残っている。「外の世界」の時間は，震災とは無関係にカレンダー通りに流れていく。周囲に残る震災の傷跡に向かい合うべきなのか，日常の流れを早く取り戻すべきなのか。その戸惑いは，数か月間は続いていた。そして，一人ひとりが意識する，しないにかかわらず，依然として「外の世界」から隔絶された「パラレルワールド」は存在している。

3．大規模災害の下での大学入試

　大規模災害の現場には情報が入って来ない。それが，この度の震災を体験してみて身に染みて分かった1つの事実である。情報の制約は判断と行動に決定的に影響する。情報の遮断，通信の途絶，交通手段の喪失，先の見通しも立たない。その中で，何を優先すべきなのか。

　東北地方太平洋沖地震は入試実施日の前日に発生した。そのタイミングが決定的な鍵を握っていた。もしも，入試当日の試験実施中の時間帯であったら，その場で試験の中止という決定を下すことは可能だっただろうか。何千人に上る受験生の安全確保と避難場所への誘導がスムーズに行えただろうか。それらが無事に済んだとしても，後日，どこまでの資料で合否を判断すべきなのだろうか。地震発生のタイミングが，試験が終わった後だったら，どうだったのか。答案等の合否判定資料が完全に失われたり，取り出せない場所に残されてしまった場合にはどう判断すべきなのだろうか。通信が途絶した状況では，誰が何をどう判断してよいのか。課題は山積している。

　ここで忘れてならないのは，「人の命は地球よりも重い」というあまりにも言い古された警句だと筆者は考える。被災の現場から，自らの命を顧みず，他人の命を救った人にまつわる様々なエピソードが報道されている。命と引

き換えの命。それは，何とも形容しがたい尊いものである。

　大学入試はどうか。当然，命に換えるほどのものではあるまい。しかし，その社会的な影響力は不自然に思えるほど大きい。大学入試の現場にいる当事者は，痛いほどその事実を感じている。だから，おそらくは内心の葛藤の中で，職務を出来るだけ優先しようとして行動する。しかし，その思いは周囲にどれほど理解され，共有されているのだろうか。

　宮城農業のエピソードを思い起こすと，大津波に襲われた中で，実際には，かなりの際どい橋を渡った末の生還劇だったのではないのだろうか。様々な好条件に的確な判断が重なった末，結果としてその場にいた全員の無事が確保されたように感じられる。

　東北大学入試センターの建物も日常的に人が出入りして執務を行うスペースは無事であった。しかし，入試関連資料を保管する金庫がある奥まった場所のダメージはかなりのものだった。万が一，誰かが何らかの事情で危険を顧みずに物を取りに入ったときに決定的な余震に見舞われたとしら……。そういったケースも考慮に入れておかなければならない。

　プライオリティに対する共通認識は極めて重要だ。大災害の現場では，プライオリティに関する判断の誤りが原因で誰かの命が失われかねない危険がある。現に，津波で亡くなられた方の話を伺うと「まだ大丈夫」と思って物を取りに行ったために逃げ遅れてしまったというようなエピソードをよく耳にする。

　もちろん，世の中には尊い命と天秤にかけなければならない，重たい職責もある。しかし，大半の事柄はそれには該当しないはずだ。特に，一度日常生活と隔絶された世界に置かれてしまうような状況の下でも，「外の世界」の価値観をどの程度忠実になぞる必要性があるのだろうか。日常生活から切り離された場面において，大学入試とはどれほどの重みを持つものなのだろうか。そういった点について，一度整理して考えておく必要があるのではないだろうか。

　筆者の個人的なストーリーは格好の良いものでも特別なものでもない。この度の東日本大震災においては，比べ物にならないほどドラマチックで感動的な経験をしてきた人が，数え切れないほどいるはずだ。したがって，特別に価値があるために記録しておくべき話だとは思っていない。ただ，忘れて

ほしくないのは、この震災の中、一人ひとり全ての人にそれぞれ固有のドラマが生まれ、語り継がれる貴重な経験が存在したことだ。筆者の経験は特別なものではないからこそ、ありふれた典型例として記録に留めておく意味もあるのではないかと考えた。

　日常、自然に動いているように見える様々な営みの裏側に、それを支えて動かしている「人」がいる。そして、それぞれ命を持ち、家族や財産を持っている。極限状況では、おのずと普段は見えない「限界」として「人」が決定的な要因として浮かび上がってくる。やらなければならない仕事とそれを支える人。そして、それぞれの置かれた状況。大災害という特殊な条件下では、「人」の条件を表に引き出した上で適切なプライオリティを考え、適切な判断を下さなければならない。災害の真っただ中にあって、被災地は「外の世界」から遮断され、隔離されてしまう。「外の世界」からは見えない状況がある。同時に「外の世界」もその瞬間は被災地から隔絶された別世界として存在してしまう。

　まずは、世界のつながりを取り戻すことが第一だろう。その前提がなければ、日常をカレンダー通りに統一された原理原則で動かしていくことはできない。修復には時間がかかる。焦って無理を通そうとすれば、誰かがその犠牲になりかねない。強いて教訓と言えば、それが教訓なのではないだろうか。

◆◇◆
第5節　むすび

　震災後しばらく経って、仙台の街の雰囲気が変わったように感じることがある。例えば、妻と一緒に買い物に出たときなど、ふと気が付くと妻が見知らぬ人と話し込んでいる。以前からの知り合いなのかと思って尋ねてみると、どうもそうではないらしい。自然に同じ苦難を乗り切った連帯感のようなものが生まれたのだろうか？　筆者にも原風景としての記憶がある。筆者が育った北海道の田舎では普通に見られた光景だった。

　これだけの目に遭ったのだから、少しは「良かった」と思えることもあって欲しい。もしも、震災をきっかけとして、抜きがたくできあがってしまった人と人との垣根が、わずかながらも低くなれば嬉しい。筆者のような、い

い年をした男は照れがあって，行動に移すことは難しい。その点，つくづく女性は偉いと感じる。

　手あかがついた表現だが「絆」という言葉も悪くない。本当に様々な方にお世話になった。具体的なエピソードは思いつく限り，拾い上げたつもりだが，書き切れなかったことも多い。震災翌日の東京消防庁についてはすでに言及したところだが，他にも様々な形で様々な方々からの支援を受けた。筆者の自宅周辺では，水道の復旧にかなりの日数がかかった。自宅に通水があったのは3月30日（水），震災当日から3週間近くが経過していた。その間は給水所に頼って生活していた。よくお世話になったのは，広島県竹原市からの給水車であった。

　震災当初は，ガスの復旧には数か月はかかると言われていた。長い間，風呂に入れず，まともな料理を口にできないことを覚悟した。ところが，4月5日（火）にはガスが復旧した。嬉しかった。自宅で風呂が沸かせるようになり，完全に日常生活を取り戻した。沿岸部にある仙台市のガス工場は壊滅的な被害に遭い，未だに復旧していない。現在，供給されている都市ガスは新潟からパイプラインで引いたものだと聞いている。自宅に訪れてガス栓を空ける作業に当たってくれたのは，東京ガスの職員だったそうだ。

　全国からボランティアが多数集まっていた時期，警備に当たっていた警察官の腕章には「愛知県警」と書かれていた。多賀城駅脇の空き地に設置されていた仮設浴場は，沖縄駐屯の自衛隊によって運営されていた。

　大震災の後，筆者と筆者の自宅周辺に住む人々の生活は，日本中の見知らぬ人たちに支えられて日常を取り戻していった。少しずつ，つながりを取り戻すことによって，「外の世界」との境界が次第に溶けてなくなって行った。様々なエピソードから教えられたその事実は，感謝の気持ちとともに深く心に刻んでおきたい。同時に，一日も早く全ての人が震災以前に近い日常を取り戻す日が訪れることを心からお祈りする次第である。

注
1）本節の記述は，主として平成23年（2011年）5月10日（火）に行った宮城県農業高等学校主幹教諭市山直之氏との懇談のメモから筆者がまとめたものである。図10-1も市山氏の許可により，掲載するものである。本稿の執筆，および，写真掲載を許可してくださった市山氏に心から感謝申し上げる。なお，記述内容に関す

る全ての責任は筆者にある。

2）宮城県柴田農林高等学校，亘理高等学校，加美農業高等学校の3校。往復3時間ほどかかるので，送迎のバスの中でも授業を行うなど，不自由な環境の中での学習を強いられてきたが，平成23年（2011年）9月中には宮城県農業実践大学校の敷地に仮設校舎が完成の予定とのことであった[3]。

3）例外は，阪神・淡路大震災が起こった平成7年度（1995年度）入試である。震災はセンター試験の2日後に起こり，東西の交通が兵庫県で寸断された。そのため，急遽，九州大学に追試験会場が設けられた。

4）耐震工事を伴う改修工事がこの年に行われていたことにより，結果的に東日本大震災では全学教育を行っている講義棟の建物被害は免れた。

5）「判明時期」，「追加合格の有無」，「影響が及ぶ年度が単年度か複数年度に渡るか」，「隠ぺい疑惑がかけられるか否か」という基準で16のパターンに分けられる。判明時期が「入学前」，追加合格者は「無」，影響年度は「単年度」，隠ぺい疑惑は「無」というのが「パターン16」であり，入試ミスのダメージとしては最も軽微なカテゴリーである。

6）平成23年（2011年）2月22日（火）にマグニチュード6.3の直下型地震が発生，多くの建物が倒壊して，日本人28名を含む多数の死者を出した。

7）「岩手・宮城内陸地震」は平成20年（2008年）6月14日（土）午前8時43分に発生したマグニチュード7.2の直下型地震である。震源地は宮城・秋田の県境に近い岩手県奥州市の山岳地帯。震源の深さは約8km，最大震度6強。人口密集地域ではなかったため，建物の倒壊などの被害は比較的少なかったが，大規模な山崩れが発生した。この地震によって，23名の死者・行方不明者という人的被害が発生した。

8）昭和39年（1964年）6月16日に発生した新潟県沖の日本海を震源とする地震。津波の被害もあったが，幼い頃にこの話を耳にした筆者にとっては石油コンビナート火災の印象が強烈に残っていた。

文　献

Kolen, M. J., & Brennan, R. L.（1995）. *Test Equating: Methods and Practices*. NY: Springer.

倉元 直樹（2011）. 個別大学の追試験における得点調整方法に関する一提案――タッカーの線形等化法を用いて――　日本テスト学会誌，*7*, 67-83.

倉元 直樹・安藤 朝夫（2011）. 平成22年度入試における東北大学の新型インフルエンザ対策について　大学入試研究ジャーナル，*21*, 149-157.（本書第9章）

西郡 大・倉元 直樹（2009）. 新聞記事からみた「入試ミス」のパターンとその影響の検討　東北大学高等教育開発推進センター紀要，*4*, 39-48. ［西郡 大・倉元 直樹（2020）. 新聞記事から見た「入試ミス」のパターンとその影響の検討　倉元 直樹（編）「大学入試学」の誕生（pp.133-150）金子書房］

3　その後，別の場所に平成30年（2018年）3月に新校舎が完成し，現在に至る。（編者注）

終 章

コロナ禍での対面オープンキャンパスへの挑戦

宮本 友弘

　コロナ禍において予定されていたイベントの実施が危ぶまれる場合，とり得る方略はおおむね表1に示した調整，制限，代替，中止の4つに集約できると考えられる。ただし，大学入試については，その社会的重要性から，中止は万策尽きた末での最後の選択肢であろう。公正かつ妥当な方法で選抜を行い，急な変更で受験準備の努力を無駄にさせないという「受験生保護の大原則」（倉元，2020）のもと，調整，制限，代替のいずれかを選択して実施を目指すことになる。加えて，新型コロナウイルス感染症の影響により受験機会を失った受験生に対する「救済措置」も講じなければならない。

　しかしながら，実際の意思決定はそう簡単なことではない。ただでさえ大学入試は，「妥協の芸術」（倉元，2014）と表現されるように，考慮すべき要因が複数あり，それらの均衡を適切に図らなければならない。そこに新型コロナウイルス感染症対策という新たな要因も加わることで判断はより難しくなる。本書の各論稿を通じて，コロナ禍に限らず，緊急事態での大学入試の実施が，かくも難しい「ミッション」であることが改めてご理解いただけたかと思う。

　一方，入試広報活動については，全国的にオンラインによる代替が一気に

表1．コロナ禍におけるイベントの実施方略

方略	概要	大学入試での例
調整	日時・場所等を調整して，予定された内容・方法で実施する	・出願期間を延長する ・サテライト会場を設ける
制限	予定された内容・方法を縮小あるいは一部を省略して実施する	・集団・個人面接を個人面接だけにする ・個別学力検査を実施しない
代替	予定された内容・方法を別のものに代えて実施する	・面接試験に相当する提出物を課す ・オンライン試験を実施する
中止	実施を断念する	（極力回避）

進んだ（倉元・宮本・久保，2022）。筆者が所属する東北大学においても，本書の第6章で報告された通り，令和2年度（2020年度）は全面的にオンラインでの実施に切り替えた。筆者は，東北本学の入試広報活動の担当責任者として一連のオンライン化に取り組んだが，その際，新型コロナウイルス感染症の感染拡大防止ということだけではなく，本学志願者の入試情報に対するニーズに応えることにも強く動機づけられていた。日程や出題範囲等について不確定な状況が続く中，「受験生保護の大原則」という点からも，本学志願者に正確な情報を届けることは急務であった。

　さて，入試広報活動のオンラインでの代替は，対面には無いさまざまな利点を示すことになったが，一方では，オンラインでは伝えきれないものを強く認識させることにもなった。東北大学においては，その最たるものが，従来のオープンキャンパス（以下，OC）が有する「真正性」であった。すなわち，実際に大学を訪れることでしか得られない実感や体験，進路決定に及ぼす影響力であった。こうした認識を背景に，加えて，学内外からの再開を望む声が後押しとなって，令和3年度（2021年度）は対面OCの実施が企図された。最終的には，新型コロナウイルス感染症の第5波と時期が重なって中止に至ったが，本書の趣旨に照らせば，その経緯を「記録」として残すことにも意義はあろう。以下，簡単ではあるが振り返っておきたい。

　対面OC開催に向け取り組んだ期間は，表2に示す通り，3月24日の広報拡大ワーキンググループ（以下，WG）[1]による実施計画の策定開始から，8月18日の中止発表までの約5カ月であった。この期間は，さらに，計画（3月下旬〜6月初旬），初動（6月中下旬），調整・中止（7月〜8月中旬），の3つの局面に分けられる。以下，各局面に沿って概略を述べる。

　（1）計画（3月下旬〜6月初旬）　この時期は，対面OCの実施計画の策定を精力的に進めた。本書の第6章で述べられている通り，コロナ禍前までの東北大学の対面OCは，大学全体が総力を挙げて取り組み，来場者数が7万人に迫る国内最大規模のイベントであった。しかし，今回は「3密」を回避するために，実施規模，プログラム編成，参加方法など，諸々の制限を

1　全学の委員会に設置された広報ワーキンググループを拡大し，全10学部（ただし，医学部は医学科と保健学科の各学科）から選出された委員で構成するようにしたもの。座長は筆者が務めた。

表2．令和3年度（2021年度）対面 OC の中止までの経緯

局面	月日	事項
計画	3月24日～6月8日	WG 第1回～5回：対面 OC 実施計画の策定
	6月4日	実施マニュアルの作成，配布
	6月10日	対面 OC 開催発表
	6月17日	WG 第6回：予約期間決定
初動	6月21日	予約サイトオープン
	6月28日	第1期予約開始（～7月4日）サーバダウン
調整・中止	7月9日	9月に開催延期，第2期予約中止の発表
	7月11日～26日	第2期予約期間　※延期
	7月14日，28日	WG 第7回，8回：第2日程用に実施計画の修正，第2日程中止の場合の代替案策定
	7月28日，29日	開催　※延期
	8月6日	対面 OC（第2日程）開催発表
	8月18日	対面 OC（第2日程）中止発表
	9月8日～	第2期予約期間（第2日程）　※中止
	9月18日，19日	開催（第2日程，第7回 WG にて9月19日，20日に変更）　※中止

注）網掛け部分は予定されていたが延期・中止となった事項

かけなければならなかった。また，全国的な感染状況の悪化に備えて，別日程の確保や延期・中止の判断基準なども決めておく必要もあった。WG での検討の結果，図1に示した方針で実施することとなった。これらの詳細と，さらに，プログラムの内容構成上の留意点や，当日の運営に関わる留意点（来場者の誘導，事前予約をしていない者への対応，体調不良者への対応，学生スタッフの活用，交通手段，救護体制等）については，「実施マニュアル」としてまとめられ，各学部に配布した。それに基づき各学部は対面 OC のプログラムを作成した。最終的に，開催期間中に各学部が実施するプログラムの総数は145本，総定員は4,029名となった。

（2）初動（6月中下旬）　各学部のプログラムが出そろい，その情報が予約システム（株式会社フロムページの「OCANs」）に実装された。計画通り，東北大学を第1志望とする高校生・受験生を対象に第1期予約を開始した。しかし，その初日にアクシデントが発生した。OCANs へと誘導する対

1．実施規模
・実施部局は，10学部（医学部は医学科と保健学科）のみとする。
・来場者数は，最大でも延べ約5,000人を下回るようにする（前期日程試験受験者数を参考に設定）。

2．日程
・第1日程を7月28日，29日，その予備として，第2日程を9月18日，19日とする。
・「新型コロナウイルス感染拡大防止のための東北大学の行動指針（BCP）」のレベル1以下であることを実施条件とする。
・予定された日程の2週間前までに，学内の新型コロナウイルス感染症対策班会議に実施の可否を諮り，それに基づき最終判断をする。

3．プログラム編成
・時程を4ブロックに分割（下表）。

	午前 9 :00～11:30	昼休み 11:30～13:30	午後 13:30～16:00
1日目	ブロック1		ブロック2
2日目	ブロック3		ブロック4

・ブロックごとにプログラムを編成し，プログラムごとに定員を設定する。

4．参加方法
・申込者の要件　原則，高校生・受験生とする。
・全学共通の申込みシステムによる完全予約制（先着順）とする。
・予約の独占を抑制するための措置
　①「参加ルール」（できるだけ多くの高校生，受験生の参加への協力等）を必ず読み，遵守することを予約する際の条件とする。
　②予約期間を2期に分ける。第1期の対象は本学を第1志望とする高校生・受験生。第2期の対象は高校生・受験生一般。
　③選択できるプログラムを制限する（同一ブロック内では，学部・学科等は1つしか選択できない等）。

5．当日の来場者の管理
・予約システムと連動した受付システムを用意し，来場者の動きを監視・追跡する。

図1．対面OCの実施方針（要点）

面OCのWebページを担うサーバが，アクセス集中に耐えきれずダウンしてしまったのである。即座に応急措置として，東北大学のトップページやSNSを通じてOCANsへの直接リンク情報を周知した。第1期予約に割り当てられた定員は満たされたが，OCANsへの直接リンク情報を知り得なかった高校生・受験生，さらには，彼らの保護者や通う高校の教員には不公平感を残すことになった。また，学内からも多くの批判を受けた。学内外に対す

るお詫び，改善策の策定を矢継ぎ早に行った。

（3）調整・中止（7月〜8月中旬）　7月11日から予定していた第2期予約に際しては，サーバのスペック強化等，万全の体制で臨んだ。しかし，その直前になって，本学の新型コロナウイルス感染症対策班会議において対面OCの7月開催は困難との判断がなされた。それを受け，対面OCは9月の第2日程に延期することになった。延期に伴い，開催までの作業スケジュールの再設定と各学部のプログラム構成の再検討がなされた。各学部の尽力により，ほとんどのプログラムは変更なく第2日程において実施することとなった。また，第1期予約完了者の扱いをどうするかも議論となった。白紙に戻して第2日程の予約は最初からやり直すという意見もあったが，議論の末，第2日程の第1期予約完了者としてそのまま移行することとなった。さらには，第2日程での開催が中止となった場合の代替措置についても検討した。その結果，第2日程〜9月末までの間にオンラインOCにおいて，集中的にライブイベント（リアルタイム型の模擬授業，研究室紹介，相談会等）を実施することとした。このように第2日程での開催に向けて準備を進めたが，第5波がピークにさしかかろうとする状況の中，新型コロナウイルス感染症対策班会議では，BCPのレベル3への引き上げと対面OCの中止が決定された。かくして，対面OC開催への挑戦は終焉を迎えることとなった。なお，代替のライブイベントとして33のイベントが実施され，総計852名の方々に参加いただいた。

　以上，簡単な記録ではあるが，まだ続くことが予想されるコロナ禍のもとで，OCに限らず対面による入試広報活動をどう再開していくかを構想する上での参考になれば幸いである。

　最後に，今回の顛末を通して，筆者個人が得た教訓を述べておきたい。きわめて些細な話にうつるかもしれないが，予約制にする場合は，先着順ではなく抽選にするということである。予約システムの仕様と実行可能性を優先して先着順を選択したが，その選択が，サーバダウンというアクシデントと後々までフォローに腐心する事態を招いたともいえる。こうした選択の根っこには，よくよく考えれば，「受験生保護の大原則」の認識が足らなかったためと自戒を込めて記しておきたい。

文　献

倉元　直樹（2014）．受験生から見た「多様化」の意義——東北大学型 AO 入試と一般入試——　2013大学入試センター研究開発部シンポジウム報告書，24-37.

倉元　直樹（2020）．受験生保護の大原則と大学入試の諸原則　倉元　直樹（編）「大学入試学」の誕生（pp.6-17）　金子書房

倉元　直樹・宮本　友弘・久保　沙織（2022）．コロナ禍の下での大学入学者選抜を振り返る——主として2021（令和 3 ）年度入試に関連して——　東北大学高度教養教育・学生支援機構紀要，*8*，95-107.

初出一覧 (再録のみ)

第1章　倉元 直樹　(2020)．今年の受験生を「ロスト・ジェネレーション」にするな！　「こころ」のための専門メディア　note（ウェブコラム），金子書房 Retrieved from https://www.note.kanekoshobo.co.jp/n/nda0a8c35dd00（2022年4月10日）　をほぼ再録。

第2章　倉元 直樹　(2020)．「コロナ禍」の下での大学入試──高大接続改革の方向転換から見えてきた課題と展望──　現代思想10月号，特集　コロナ時代の大学──リモート授業・9月入学制議論・授業料問題──，112-121．をほぼ再録。

第9章　倉元 直樹・安藤 朝夫　(2012)．平成22年度入試における東北大学の新型インフルエンザ対策について　大学入試ジャーナル，*21*，149-157．をほぼ再録。

第10章　倉元 直樹　(2012)．大学入試の危機管理──東日本大震災の経験から──　クオリティ・エデュケーション，*4*，149-185．をほぼ再録。

執筆者紹介

倉元直樹　　（編　者）　　　序章・第1章・第2章・第3章・第9章・第10章

立脇洋介　　（九州大学アドミッションセンター准教授）　　　　　　第4章

鈴木雅之　　（横浜国立大学教育学部准教授）　　　　　　　　　　　第5章

久保沙織　　（東北大学高度教養教育・学生支援機構准教授）　　　　第6章

近藤明夫　　（東京都立戸山高等学校主幹教諭）　　　　　　　　　　第7章

※第8章　討議

　　司会：倉元直樹（編　者）

　　司会：末永　仁（東北大学高度教養教育・学生支援機構特任教授）

安藤朝夫　　（東北大学大学院情報科学研究科教授）　　　　　　　　第9章

宮本友弘　　（編　者）　　　　　　　　　　　　　　　　　　　　　終章

※所属・肩書は執筆当時

●監修者紹介

倉元直樹

東北大学高度教養教育・学生支援機構教授。東京大学大学院教育学研究科教育心理学専攻（教育情報科学専修）第1種博士課程単位取得満期退学。博士（教育学）。大学入試センター研究開発部助手を経て，1999年より東北大学アドミッションセンター助教授（組織改編により現所属）。東北大学大学院教育学研究科協力講座教員を兼務。専門は教育心理学（教育測定論，大学入試）。日本テスト学会理事。全国大学入学者選抜研究連絡協議会企画委員会委員。

●編者紹介

倉元直樹（監修者）

宮本友弘

東北大学高度教養教育・学生支援機構教授。筑波大学大学院博士課程心理学研究科単位取得満期退学，東北大学大学院教育情報学教育部修了。博士（教育情報学）。メディア教育開発センター助手，びわこ成蹊スポーツ大学准教授，聖徳大学准教授を経て，2020年より現職。東北大学大学院教育学研究科協力講座教員を兼務。専門は教育心理学（教授・学習・認知）。雑誌「指導と評価」（図書文化）編集委員。

本書は科研費 JP21H04409 の助成を受けて出版したものです。

東北大学大学入試研究シリーズ

コロナ禍に挑む大学入試（1）緊急対応編

2022年5月31日　初版第1刷発行　　　　　　　　　　　　　　　　　　［検印省略］

監修者	倉 元 直 樹	
編　者	倉 元 直 樹	
	宮 本 友 弘	
発行者	金 子 紀 子	
発行所	株式会社 金 子 書 房	

〒112-0012　東京都文京区大塚 3-3-7
TEL 03-3941-0111㈹
FAX 03-3941-0163
振替 00180-9-103376
URL https://www.kanekoshobo.co.jp

印刷・製本／藤原印刷株式会社